Diogenes Taschenbuch 24721

Mit Schuss

Geschichten vom
Wintersport und Après-Ski

Mit exklusiven Geschichten
von Zora del Buono
und Niko Stoifberg

Ausgewählt von Margaux de Weck
und Silvia Zanovello

Diogenes

Die Herausgeberinnen danken
Vanessa Ryser für ihre Mitarbeit
Nachweis am Schluss des Bandes
Covermotiv: Illustration von Dan Bejar, ›Crash‹
Copyright © Dan Bejar

Originalausgabe
Alle Rechte an dieser Ausgabe vorbehalten
Copyright © 2023
Diogenes Verlag AG Zürich
www.diogenes.ch
100 / 23 / 44 / 1
ISBN 978 3 257 24721 3

Inhalt

ITALO CALVINO
Abenteuer eines Skifahrers

Am Skilift wartete die Schlange. Die Gruppe der mit dem Bus gekommenen Jungen hatte sich hinten angestellt, dicht nebeneinanderstehend auf parallelen Skiern, und jedes Mal, wenn die Schlange ein Stück vorrückte – eine lange Schlange, die, anstatt geradeaus zu gehen, wie sie es schon auch gekonnt hätte, einer zufälligen Zickzacklinie folgte, mal leicht ansteigend, mal leicht abfallend –, stapften sie aufwärts oder rutschten seitwärts aus, je nachdem, wo sie sich befanden, und stemmten sich gleich wieder mit den Stöcken hoch, stießen dabei nicht selten an oder fielen auf ihre Vordermänner oder versuchten, verhakte Skistöcke aus den Skiern ihrer Hintermänner zu befreien, stolperten über schräg gestellte Skier, bückten sich, um ihre Bindungen zu richten und so die ganze Reihe zu blockieren, zogen sich die Anoraks oder Pullover aus und wieder an, je nachdem, ob die Sonne herauskam oder verschwand, schoben sich Haarsträhnen unter die Wollmützen oder die Zipfel der karierten Hemden in die Hosen, kramten in den Taschen nach Taschentüchern und schnäuzten sich die eisigen roten Nasen, wobei sie sich für jede dieser Operationen die Handschuhe aus- und wieder anziehen mussten, die manchmal in den Schnee fielen und dann mit der Spitze des Skistocks zurückgeholt werden mussten – dieses Gewoge kleiner un-

7

zusammenhängender Gesten durchlief die Schlange und steigerte sich noch beträchtlich an ihrer Spitze, wo es galt, die Reißverschlüsse aller Taschen aufzuziehen, um nach dem Geld für das Ticket zu kramen oder nach der Tageskarte und sie dem Liftangestellten hinzuhalten, damit er sie lochte, und sie dann wieder in die Tasche zu stecken und die Handschuhe wieder anzuziehen und die beiden Skistöcke so zusammenzustecken, dass die Spitze des einen im Teller des anderen steckte, damit man beide mit einer Hand halten konnte, all dies, während man die kleine Steigung zu der Plattform überwand, wo man bereit sein musste, sich rücklings auf die rasch nahende hölzerne Liftbank zu setzen und mit einem Ruck nach vorne ziehen zu lassen.

Der Junge mit der grünen Sonnenbrille stand in der Mitte der Schlange, frierend auf steifen Beinen, neben einem dicken Jungen, der drängelte. Und während sie da standen, kam das Mädchen mit der himmelblauen Kapuze vorbei. Sie stellte sich nicht in der Schlange an, sie glitt ruhig vorbei, den Hang hinauf, dem Bergpfad folgend. Und dabei bewegte sie ihre Skier so leicht, als ob sie zu Fuß ginge.

»Was macht die da? Will die so den ganzen Hang raufsteigen?«, fragte der drängelnde dicke Junge.

»Sie hat Robbenfelle«, sagte der Junge mit der grünen Sonnenbrille.

»Na, ich möchte sie sehen, wenn's steiler wird«, sagte der Dicke.

»Keine Sorge, die sieht mir nicht wie 'ne Angeberin aus.«

Die Skifahrerin glitt unangestrengt voran, mit einer regelmäßigen Bewegung ihrer schlanken Glieder – sie hatte sehr lange Beine, die in einer straffen, an den Knöcheln festgeknöpften Stretchhose steckten – im Takt mit dem Auf und Ab der schimmernden Skistöcke. Die Sonne zeigte sich in dieser klaren eisigen Luft wie eine exakte gelbe Zeichnung, mit all ihren Strahlen: In der schattenlosen Weite des Schnees waren die Buckel und Schründe und die glatt gefahrenen Pisten allein durch ihr Glitzern zu unterscheiden. In dem himmelblauen Anorak erschien das Gesicht des blonden Mädchens rosig mit roten Wangen vor dem weißen Plüschrand der Kapuze. Sie lachte in die Sonne mit kaum zusammengekniffenen Augen. Sie stieg locker den Hang hinauf mit ihren Robbenfellen. Unterdessen standen die Jungs der Busgruppe mit eiskalten Ohren, aufgeplatzten Lippen und Schniefnasen in der Schlange und konnten die Augen nicht von ihr lassen, sodass sie von den anderen vorangestoßen werden mussten, bis das Mädchen hinter einer Kante verschwunden war.

Nach und nach, wenn sie an die Reihe kamen, was nicht ohne anfängliches Stolpern und einige Fehlstarts abging, saßen die Jungen der Gruppe immer zwei und zwei im Lift und ließen sich die fast senkrechte Piste hinaufziehen. Der Junge mit der grünen Sonnenbrille hatte wieder den dicken Drängler neben sich. Und sieh da, auf halber Strecke erblickten die beiden wieder die einsame Skiläuferin.

»Wie hat sie's geschafft, so weit raufzukommen?«

Der Skilift ging gerade an einem kleinen Tal entlang, in dem ein gestampfter Waldweg zwischen hohen Schneewehen und spärlichen Tannen mit Eiszapfen an den Zweigen verlief. Die himmelblaue Gestalt kam flott voran mit ihrem exakten Gang und diesem gleichmäßigen Vor und

Zurück der behandschuhten Hände in den Griffen der Skistöcke, das ganz unangestrengt aussah.

»Huhu!«, riefen ihr die beiden Jungen aus dem Lift zu, während sie mit steifen Beinen hochfuhren. »Sie sind ja fast eher oben als wir.«

Sie hatte ihr freundliches Lächeln auf den Lippen, und der Junge mit der grünen Sonnenbrille schaute verwirrt und wagte nicht weiterzuwitzeln, weil sie jetzt die Lider senkte und er sich dadurch wie ausgelöscht fühlte.

Kaum oben angelangt, stürzte er sich sofort in den Hang, hinter dem Dicken her, beide schwer wie Kartoffelsäcke. Doch was er suchte, während er so bemüht die Piste hinuntertobte, war das Wiedersehen mit der himmelblauen Kapuze, und er raste so wild hinunter, um sich mutig zu zeigen und zugleich sein Ungeschick in den Kurven zu maskieren. »Platz da! Platz da!«, schrie er vergeblich, weil auch der Dicke und alle anderen Jungs der Busgruppe wie die Verrückten hinunterrasten und »Platz da! Platz da!«, schrien, doch einer nach dem anderen landete auf dem Bauch oder Hintern, und nur er allein zerteilte noch auf Skiern die Luft, bis er die Gesuchte erblickte. Sie war noch beim Aufstieg, neben der Piste, im Tiefschnee. Der Junge mit der grünen Sonnenbrille streifte sie, als er pfeilschnell an ihr vorbeisauste, stürzte in den Tiefschnee und verschwand kopfüber darin.

Aber unten am Hang, schwer atmend, von Kopf bis Fuß mit Schnee bestäubt, stellte er sich erneut – dalli, dalli! – in die Schlange vor dem Lift, und dann ging's erneut – dalli, dalli! – wieder nach oben. Diesmal begegnete er ihr, als auch sie bei der Abfahrt war. Wie fuhr sie? Für die Jungs war der

Größte derjenige, der wie ein Besessener die Direttissima runterraste. »Na, so toll ist sie ja wohl nicht, die Blonde«, beeilte sich der Dicke erleichtert zu sagen. Die Blonde fuhr elegant hinunter, nahm ihre Kurven präzise, oder genauer: Man wusste bis zum letzten Moment nie genau, ob sie wenden oder was machen wollte, und plötzlich sah man sie in der entgegengesetzten Richtung zur vorigen weiterfahren. Sie ließ sich Zeit bei der Abfahrt, würde man sagen, blieb ab und zu stehen, aufrecht auf langen Beinen, um die Piste zu mustern; aber trotzdem gelang es den Jungs aus der Busgruppe nicht, ihr auf den Fersen zu bleiben. Bis schließlich auch der Dicke zugab: »Donnerwetter, die kann's!«

Das Warum hätten sie nicht zu erklären gewusst, aber dies war es, was sie offenen Mundes bestaunten: Alle Bewegungen gelangen ihr auf die einfachste und natürlichste Art, passend zu ihrer Person, ohne auch nur einen Zentimeter übers Ziel zu schießen, ohne den Schatten einer Anstrengung oder Verwirrung oder Verkrampfung im Bemühen, etwas um jeden Preis zu machen, einfach nur so, auf ganz natürliche Weise. Wobei sie sich sogar auch je nach dem Zustand der Piste erlaubte, ein paar etwas ungewisse Bewegungen zu machen, wie jemand, der auf Zehenspitzen geht, was ihre Art war, Schwierigkeiten zu überwinden, ohne erkennen zu lassen, ob sie sie ernst nahm oder nicht. Kurzum, nicht mit der sicheren Miene dessen, der eben tut, was getan werden muss, sondern mit einer Spur von Zurückhaltung, als versuchte sie, einen guten Skifahrer zu imitieren, und bekäme es dann sogar jedes Mal besser hin – dies war die Art, wie sich das himmelblaue Mädchen auf Skiern bewegte.

Nun stürmten die Jungs aus der Busgruppe einer nach

dem anderen überstürzt, stolpernd, schwerfällig, mit eckigen »Kristianias« und forcierten »Schneepflügen« in »Sla-
loms« hinter ihr her, versuchten ihr zu folgen, sie zu überholen, schreiend, einander hänselnd, aber alles, was sie zu-
stande brachten, war ein wildes Runterstürzen ins Tal mit
hektischen Schulterbewegungen, die Arme mit den Stöcken in Händen vorgestreckt, während die Skier sich über-
kreuzten, die Bindungen aufgingen, und überall, wo sie
vorbeikamen, blieben im Schnee die Spuren von Stürzen
auf den Hintern, auf die Seiten oder mit dem Kopf voran.

Nach jedem Sturz, kaum dass sie den Kopf wieder frei
hatten, blickten die Jungen suchend umher nach der himmelblauen Gestalt. Und sie kam mitten durch ihren wirren
Haufen dahergefahren mit ihren leichten Bewegungen, und
die geraden Falten ihrer straffen Hose erlaubten sich höchstens ein leichtes Flattern, und ihr Lächeln ließ nicht erkennen, ob es Anteilnahme an den Heldentaten und Miss-
geschicken ihrer Abfahrtsgenossen war oder Ausdruck
dafür, dass sie diese Ärmsten gar nicht zur Kenntnis nahm.

Unterdessen wurde die Sonne, statt mit dem Nahen des
Mittags an Kraft zu gewinnen, immer blasser, bis sie schließlich wie von einem Löschpapier aufgesogen verschwand.
Die Luft war voll leichter farbloser Kristalle, die umeinan-
derwirbelten: Es herrschte Schneegestöber, man sah kaum
noch die Hand vor den Augen. Die Jungs fuhren blindlings
zu Tal, schreiend, einander rufend, und jeden Moment kam
einer von der Piste ab und landete, rums, wieder im Tiefschnee. Luft und Schnee waren gleichermaßen von einem
undurchsichtigen Weiß, aber wenn man die Augen daran
gewöhnte, konnte man, sobald es sich etwas aufhellte, die

himmelblaue Gestalt wie schwebend darin erkennen, die hin und her wedelte, als flöge sie auf einer Geigensaite.

Das Schneegestöber hatte die Schlange am Skilift zerstreut. Der Junge mit der grünen Sonnenbrille fand sich, ohne es gemerkt zu haben, an der Talstation wieder. Die anderen Jungs waren nicht zu sehen. Das Mädchen mit der hellblauen Kapuze war schon da. Sie wartete auf den Liftsitz, der gerade um das Seilrad gefahren kam. »Schnell!«, rief der Liftangestellte ihm zu, packte den Sitz an der Stange und hielt ihn zurück, damit das Mädchen nicht allein hinauffahren musste. Losstürzend mit gegrätschten Skiern schaffte der Junge es, sich gerade noch rechtzeitig neben das Mädchen zu setzen, wobei er sie fast zu Fall gebracht hätte, als er sich an die hölzerne Lehne klammerte. Sie hielt das Gleichgewicht auch für ihn, bis er sich ordentlich hingesetzt hatte, wobei er unverständliche Flüche murmelte, auf die sie mit einem unterdrückten Lachen antwortete, das wie das Glu-Glu eines Perlhuhns klang, unterdrückt vom Kragen ihres Anoraks, den sie sich bis über den Mund gezogen hatte. Jetzt ließ die himmelblaue Kapuze, gleich dem Helm einer mittelalterlichen Rüstung, nur noch ihre Nase frei, die leicht gebogen war, sowie die Augen, ein paar Locken über der Stirn und den oberen Teil der Wangen. So sah sie der Junge mit der grünen Sonnenbrille, im Profil, und er wusste nicht, ob er sich glücklich fühlen sollte, mit ihr im selben Lift zu sitzen, oder ob er sich schämen sollte, so von oben bis unten mit Schnee beschmutzt, wie er war, das Haar zerzaust, das Hemd aus der Hose hängend, das er nicht reinzustopfen wagte aus Angst, durch die Armbewegung aus dem Gleichgewicht zu geraten, und so schielte er abwechselnd mal ein bisschen nach ihr und achtete dann wieder auf die Position der Skier, damit sie nicht aus der Spur gerieten, wenn der Lift zu langsam ging oder zu heftig anruckte, und immer war sie es, die das Gleichgewicht hielt, wobei sie ihr Perlhuhn-Glu-Glu lachte, während er nicht wusste, was er sagen sollte.

Es hatte aufgehört zu schneien. Jetzt riss auch der Nebel auf, und in dem Riss erschien endlich ein blauer Himmel und die strahlende Sonne und die klaren vereisten Berge einer nach dem anderen, nur da und dort noch von weichen Schneenebelschwaden gestreift. Das Mädchen in der Kapuze machte sich den Mund und das Kinn frei.

»Es wird wieder schön«, sagte sie, »ich hab's doch gleich gesagt.«

»Ja«, sagte der Junge mit der grünen Sonnenbrille, »schön. Und der Schnee ist gut.«

»Ein bisschen weich.«

»Oh, ja.«

»Aber mir gefällt's so«, sagte sie, »und auch die Abfahrt im Nebel ist nicht schlecht.«

»Solange man die Piste kennt …«, sagte er.

»Nein, so«, sagte sie, »wenn man sie errät.«

»Ich hab sie schon dreimal gemacht«, sagte der Junge.

»Bravo. Ich nur einmal, aber ich bin ohne Lift raufgestiegen.«

»Ich hab Sie gesehen. Sie hatten Robbenfelle angelegt.«

»Ja. Jetzt, wo Sonne scheint, gehe ich bis ganz rauf.«

»Wie bis ganz?«

»Noch weiter rauf nach der Liftstation. Bis zum Kamm.«

»Und was ist da oben?«

»Man sieht den Gletscher nah wie zum Anfassen. Und dann weiße Hasen.«

»Was?«

»Weiße Hasen. In dieser Höhe haben die Hasen im Winter ein weißes Fell. Auch die Rebhühner.«

»Gibt's die hier?«

»Weiße Rebhühner. Mit schneeweißen Federn. Im Sommer sind sie dagegen kaffeebraun. Wo kommen Sie her?«

»Aus Italien.«

»Ich bin aus der Schweiz.«

Sie waren angelangt. Am Ende waren sie aus dem Lift gestiegen, er ungeschickt, sie mit der Hand an der Stange während der ganzen Drehung ums Seilrad. Sie schnallte sich die Skier ab, stellte sie aufrecht, zog aus der Tasche an ihrem Gürtel die Robbenfelle und befestigte sie unter den Skiern. Er sah zu und rieb sich die steifen Finger in den Handschuhen. Dann, als sie aufzusteigen begann, stieg er hinterher.

Der Aufstieg zum Gipfel war hart.

Der Junge mit der grünen Sonnenbrille mühte sich mal grätschend, mal seitlich stufenweise, mal voranstolpernd und wieder zurückrutschend, an die Stöcke geklammert wie ein Lahmer an seine Krücken. Und sie war schon oben verschwunden.

Er erreichte den Gipfel schweißüberströmt mit heraushängender Zunge, geblendet vom strahlenden Glanz, der ringsherum herrschte. Hier oben begann die Welt des Eises. Das blonde Mädchen hatte sich den himmelblauen Anorak ausgezogen und um die Hüfte gebunden. Auch sie trug jetzt eine Sonnenbrille. »Da! Haben Sie gesehen? Haben Sie gesehen?«

»Was ist?«, fragte er verwirrt. War da ein weißer Hase gewesen? Ein Rebhuhn?

»Jetzt ist es weg«, sagte sie.

Über dem Tal flogen die üblichen krächzenden schwarzen Vögel der Zweitausender. Es war ein sehr klarer Mittag geworden, und von hier oben glitt der Blick über die Pisten, die Skiwiesen voller Leute auf Skiern und Kinder mit Schlitten, die Talstation des Lifts mit der Schlange, die sich gleich wieder gebildet hatte, das Hotel, die wartenden Busse, die Straße, die sich zwischen schwarzen Tannenwäldern hinzog.

Die Schweizerin war schon wieder losgefahren und glitt elegant wedelnd den Hang hinunter, jetzt war sie schon auf der Piste zwischen den anderen Skifahrern, aber inmitten des ganzen Gewusels von undeutlichen und verwechselbaren Gestalten war ihre nur wie eine oszillierende Klammer gezeichnete himmelblaue Figur durchaus noch erkennbar, ja sie blieb die Einzige, die man verfolgen und unterscheiden konnte, dem Zufall und dem Chaos enthoben. Die Luft war so klar, dass der Junge mit der grünen Sonnenbrille glaubte, im Schnee das dichte Netz der geraden und schrägen Skispuren zu erraten, die Streifen, die Buckel, die Löcher, die Eindrücke der Skistockteller, und ihm schien, dass da in dem formlosen Sammelsurium des Lebens die geheime Linie verborgen war, die Harmonie, die allein das himmelblaue Mädchen zu finden vermochte, und dass genau dies ihr Wunder war, jederzeit im Chaos der tausend möglichen Bewegungen die eine und nur diese eine zu wählen, die richtig und klar und leicht und notwendig war, die eine Geste und nur diese eine von tausend, auf die es ankam.

ANTJE RÁVIK STRUBEL
Die Angst kommt vor dem Fall

In einem unterscheiden sich prähistorische und moderne Skiläufer nicht: Neulinge ergreift nach ersten zaghaften Schritten die Angst. Es sei denn, sie werden als Kleinkind auf Ski gestellt. Dann gehört die Angst vor dem Fall wegen des geringen Abstands zwischen Kopf und Erde und mangels schlechter Erfahrung noch nicht zu ihrem Gefühlshaushalt. Sie werden das Skifahren schneller erlernen als die deutsche Grammatik.

Allen anderen schießt bei der sanftesten Neigung des Bodens das Entsetzen in die Glieder. Hatte man soeben noch Vertrauen in die Erdanziehungskraft und das Gelingen des aufrechten Gangs, gehen diese als sicher erachteten Größen in Sekundenschnelle verloren.

In welcher Richtung man auch Bodenhaftung vermutet, die Ski rutschen garantiert in die andere. Und da der Mensch qua Bindung mit selbigen noch verbandelt ist, reißt es ihn mit. In halsbrecherischer Geschwindigkeit geht es in Richtung Untergang, die Beine verkrampft, die Stöcke verzweifelt gen Himmel gestreckt, an den sich ein gellender Schrei richtet.

Während die Füße der Schlitterpartie folgen, liegt man selbst schon rücklings im Schnee. Bei günstigen Umständen im Pulverschnee. Wer Pech hat, hört das knirschende

Scharren, mit dem ein Körper über eine eisige Schneedecke rutscht, dass es nur so zwiebelt.

Der Sturz provoziert einen zweiten Schrei; den einer Herankommenden. Sie bremst so abrupt, dass die Lawinengefahr im Umkreis von mehreren Kilometern steigt. Da handelt es sich um eine Abfahrerin, die den schönen Schwung von der Schussfahrt hatte ausnutzen wollen, um, ohne anzuhalten, bis zur Liftstation durchzusausen und nicht erst den Babylift nehmen, noch über drei Schneewälle stapfen und von dieser Klettertour verschwitzt im ausnahmsweise unbeheizten Sessellift sitzen zu müssen und sich totzufrieren, bevor sie wieder auf dem Gipfel ist. Und ausgerechnet vor den eigenen Spitzen packt sich so ein Anfänger hin!

Um es gleich vorwegzunehmen: Das Stürzen ist der Knackpunkt beim Skifahren. Das Hinfallen sollte man als Erstes lernen.

Sehr ermutigend mag das nicht klingen. Liebe Leser, auch wenn Sie noch unentschlossen sind, springen Sie bitte nicht ab, etwa um sich weniger schmerzintensiven Sportarten zuzuwenden wie Kegeln oder Schach.

Es kann schon sein, dass Sie beim kontrollierten Fallenlassen keine gute Figur machen. Es lässt Sie aber, nachdem Sie sich sortiert und aufgerappelt haben, mit der erfreulichen Erkenntnis zurück, dass mit dem Halt nicht immer gleich das Leben verloren geht und auch die Knochen entgegen schlimmster Befürchtungen danach nicht lose herumbaumeln wie auf Röntgenaufnahmen.

Der vorübergehende Balanceverlust führt sogar zu einem Gewinn: Nach dem Sturz haben Sie mehr Vertrauen in die verlässliche Machart und Funktionstüchtigkeit Ihres Bewegungsapparates.

Diese Übung nimmt Ihnen auch den Druck, aus purem Stolz so tun zu müssen, als könnten Sie schon Ski laufen, und dann besonders schlimm zu stürzen. Grundsätzlich gilt es, sich drei wesentliche Regeln einzuprägen.

Erstens: Gefallen wird seitlich und auf den Po, da ist der Mensch am besten gepolstert. Auf Skilatein wird das Backenbremse genannt.

Zweitens: Je näher Sie der Erde mit einer demütigen Kniebeuge vor dem Fall entgegenkommen, umso sanfter nimmt sie Sie in Empfang.

Drittens: Kopf hoch! Das ist nicht nur ein Spruch zur Motivation, sondern auch eine Regieanweisung. Kopf und Schnee sollten immer möglichst weit voneinander entfernt bleiben.

Eine Freundin, die erst seit einigen Tagen auf Ski stand, kachelte auf ihren Langläufern plötzlich mit fünfzig Sachen ein eigentlich flaches Wegstück hinunter, weil die Loipe vereist war. Ohne Falltraining hätte sie sich, wenn nicht den Hals, doch mehrere Rippen gebrochen. So behielt sie geistesgegenwärtig die Kontrolle und klagte am Abend nur über einen blauen Fleck.

Ein italienischer Priester, der um 1665 auf Besuch in Nordschweden war, erlernte von den Lappen das Skifahren. Auch ihm wurde zuerst die Backenbremse beigebracht: »Als ich mich zum ersten Mal selbst der Gefahr aussetzte, stürzte ich; dann lernte ich durch Übung und fasste den Mut, aufrecht zu stehen. Man darf nicht vergessen, die Ski geradeaus zu richten und parallel zu halten, denn wenn sich die Spitzen einander nähern, formen sie ein Dreieck im Schnee mit dem Scheitelpunkt vorn, kollidieren und rufen einen Sturz hervor. ... Aber daraus folgt keine Gefahr, besonders, wenn man auf die Seite fällt, was meistens geschieht.«

Götter, die die Tränen trocknen

Nachdem die Neulinge die Schwierigkeit des Loslassens gemeistert haben, stehen sie vor einer neuen Herausforderung: Wie soll ich aufstehen, wenn mir der linke Fuß fehlt? Wenn dieser Fuß, nachdem ich ihn endlich oberhalb von mir entdeckt habe, unnatürlich verdreht im Schnee liegt, der Ski noch dran (der trotz Schütteln nicht abgeht)?

In einigen Fällen gelingt es, Ski, Stöcke, Arme und Beine auseinanderzuklamüsern und sie der jeweils angemessenen Himmelsrichtung zuzuordnen. Auch dann bleibt die Schwierigkeit aufzustehen.

Denn trotz aller Bemühungen gleiten die Ski unbeteiligt weiter, im Schlepptau den sportlich Herausgeforderten. Nimmt man die Hände zu Hilfe, sind die Stöcke im Weg. Stützt man sich mit den Stöcken ab, erhalten die Ski neuen Schwung. So kommt es, dass ein im Schnee Liegender zuweilen in Tränen ausbricht, obwohl ihm gar nichts wehtut.

Bei Menschen auf Langlaufski gelten die Tränen meistens der wackligen Rutschigkeit der Transportmittel, bei Abfahrern ihrer Klobigkeit und Schwere. Immer jedoch sind es Tränen der Hilflosigkeit und Wut.

Bei mir fiel das Erlernen des Hinfallens mit der Zeit der

kindlichen Trotzphase zusammen. Ich brüllte im Schnee, drosch auf ihn ein, heulte über mein körperliches Ungeschick, das verräterische Sportgerät, die Ungerechtigkeit der Welt.

Der kindliche Trotz entspricht dem Wutgeheul, das aus jedem Anfänger irgendwann hervorbricht. Machen Sie sich keine Sorgen; das ist die Initiation. Wenn Sie oder Ihr Partner in ein ungewohntes Gezeter verfallen, ist das völlig normal. Erst wer dieses Stadium durchlaufen hat, kann mental gelockert jeden Schnee durchpflügen.

Im Liegen könnte man auf die Idee kommen, die Ski einfach abzuschnallen und sich auf herkömmliche Weise vom Boden zu erheben. Das ist klug, aber nicht in jeder Lage möglich. Um die Hinterbacken einer Abfahrtsbindung zu lösen, müsste man Armkraft mobilisieren, was den meisten Menschen in Rückenlage schwerfällt. Einziger Trost: Normalerweise löst die Bindung bei Stürzen von selbst aus, wobei eine Bremsvorrichtung aktiviert wird. Diese Stopper verhindern, dass der teure Ski auf Nimmerwiedersehen ins Tal davonsaust. Der Langlaufski bleibt dagegen meist am Schuh. Um den kleinen Druckpunkt auf einer SNS-Bindung mit der Stockspitze im Sitzen zu betätigen, bräuchte es Geschicklichkeit, die das schockdurchzitterte Gemüt aber selten schon zurückerlangt hat. Stattdessen schüttet der Körper bereitwillig auch die letzten Stresshormone aus. Jetzt wäre es ratsam durchzuatmen. Die Ski parallel zum Hang anzuordnen. Den Körper in eine Vorlage zu bringen, einer betenden Haltung nicht unähnlich. Wer so auf die Knie gekommen ist, kann sich mit einem kräftigen Kick aus den Armen und durch Zuhilfenahme der Stöcke in die

Höhe torpedieren. Der Rückkehr in die aufrechte Position dürfte nichts mehr im Weg stehen.

»Na also«, sagt da eine leicht genervte Snowboarderin, die neben dem Gestürzten angehalten hat – aus Mitleid oder weil sie zufällig die Regeln des Internationalen Skiverbandes FIS kennt. Regel Nummer 9 verpflichtet zu Hilfeleistungen bei Unfällen: Erste Hilfe, Alarmierung des Rettungsdienstes und Absichern der Unfallstelle. Unfallflucht auf der Piste wird ebenso strafrechtlich verfolgt wie im Straßenverkehr. »Geht doch!«, sagt sie erleichtert, weil der Gestürzte nun doch keine Mund-zu-Mund-Beatmung braucht. Und brettert lässig davon.

Nichts ist befriedigender als das Gefühl, die Kontrolle über den eigenen Körper wiedererlangt zu haben. Sofort stellt sich Übermut ein: Schwarze Piste, ich komme! Wobei im Affekt großzügig übersehen wird, dass eine schwarz markierte Piste in den Alpen mehr als vierzig Prozent Längs- und Quergefälle hat. Auch eine rote Piste mit durchschnittlich um die dreißig Prozent Gefälle wäre am Anfang nicht ratsam. Blau schon eher. Blaue Pisten neigen sich nur bis zu 25 Prozent dem Tal zu. Aber selbst ein flacher Ziehweg kann für den Anfänger eine Herausforderung sein.

Dafür wissen alle, die wieder auf die Beine gekommen sind, dass das Aufstehen nach dem Fall in anderen Lebensbereichen im Vergleich dazu ein Kinderspiel sein wird.

Denen, die jetzt immer noch zu den Keglern überlaufen wollen, sei gesagt: Fürchten Sie sich nicht! Als Skiläufer stehen Sie unter dem besonderen Schutz zweier Götter.

Zunächst gibt es Uli, über den es in der mittelalterlichen isländischen Saga »Edda« heißt, er sei ein so guter Skiläufer, dass es ihm niemand gleichtun könne. Mit Ausnahme von Skade, der freiheitsliebenden Skigöttin. Skaði ist Riesin, Jägerin und seit Urzeiten die beste Skifahrerin. Sie ist schnell wie ein vorbeifliegender Schatten, was in ihrem Namen zum Ausdruck kommt. Laut der »Edda« wohnt sie auf den schneebedeckten Bergen. Ihren Gemahl, Wind- und Seegott Njord, fährt sie gelegentlich auf Ski in seiner Behausung am Meer besuchen. Dauerhaft kann sie mit ihm dort nicht leben; zu groß ist ihre Sehnsucht nach den Gipfeln. Somit ist Skigöttin Skade nicht nur eine ziemlich sportliche Göttin, sondern führt auch eine sehr moderne Ehe.

Da ist es folgerichtig, dass unter ihrem Schutz der Skisport zum Katalysator für die Gleichberechtigung von Frau und Mann wurde. Skiläufer waren es, die als Erste das Korsett abschafften. Wenn die Frauen zusammengeschnürt auf den norwegischen Fjälls unterwegs waren, bekamen sie keine Luft. Also entschloss man sich, diesen Rippenterror für ungesund zu erklären.

Dass Frauen Ski liefen, war nie ein Problem. Ski gehörten zu den seltenen Fortbewegungsmitteln, die von Anfang an allen erlaubt waren; sie waren lebensnotwendig. Bevor das Skifahren um die Mitte des 19. Jahrhunderts zu einer Freizeitaktivität wurde, nutzte man Ski wie heute das Auto, zum Warentransport oder um in die Kirche zu kommen. Das erklärt vielleicht, warum die erste Frau in Hosen eine Skifahrerin war: Kristine Drolsum aus Christiana, dem heutigen Oslo, nähte sich 1896 einen dunkelblauen Skianzug, der revolutionärerweise aus Hosen und einer Jacke bestand, die oberhalb der Knie endete. Vorher waren die Beine der Skifahrerin von mehrlagigen Röcken bedeckt.

Eva Nansen, die Frau des Polarforschers Fridtjof, machte die Hose für die Dame populär; sie war so berühmt, dass man ihrem Vorbild nacheifern wollte. Zum ersten deutschen Damenskirennen, das 1898 auf dem Feldberg im Schwarzwald veranstaltet wurde, mussten die Ladys allerdings noch in schweren Röcken antreten.

In Norwegen gab es Skisportlerinnen schon, lange bevor es die erste Radfahrerin in Paris gab. Ingrid Olsdatter Vestbyen machte 1863 in Trysil mit aufsehenerregenden Skisprüngen von sich reden. Dass es bis 2014 – 150 Jahre – dauerte, ehe bei den Olympischen Winterspielen auch Frauen im Skispringen zugelassen wurden, kann nur heißen: Das Olympische Komitee war in der Geschichte der Skifahrt nicht besonders bewandert.

Umspringen, Schneepflug oder Schleuderbremse?

Neben dem kontrollierten Stürzen ist das Bremsen eine Möglichkeit, zum Stehen zu kommen. Man kann das so machen, dass man aus voller Fahrt in die Luft springt und sich dabei dreht. Beim Aufsetzen schön tief in die Knie gehen und die Kanten in den Schnee hauen. Das nennt man Umspringen und ist eine historische Art des Anhaltens, wie in Schwarz-Weiß-Filmen zu sehen. Dort tragen Menschen Strickpullover und Knickerbocker, wenn sie sich aus dem Schnee in die Luft katapultieren, dem man anmerkt, dass er noch nie von Pistenfahrzeugen zusammengestaucht wurde.

Wer noch länger Freude an Kreuzband und Genick haben möchte, sollte mit dem Schneepflug beginnen. Beim Langlaufen ist er die wesentliche Bremsmethode (echte Cracks können auch mit Langlaufski durch einen Haltebogen zum Stehen kommen). Abfahrern vermittelt der Schneepflug ein erstes Gefühl dafür, wie man durch Verlagern des Körpergewichts die Ski dazu bringt zu gehorchen.

Der Schneepflug ist ein gleichschenkliges Dreieck, zusammengesetzt aus den beiden Ski und der gedachten Linie zwischen den gespreizten Beinen. Zehen und Knie wenden sich einander liebevoll zu, so, als wollte man x-beinig losmarschieren. In dieser unbequemen Haltung passiert, befindet man sich im Flachen, zunächst nichts. Senkt sich jedoch der Boden, fangen die Ski zu gleiten an, und zwar, wenn es dumm kommt, übereinander. Die noch ungeschickt gesteuerten Spitzen überkreuzen sich auf ebenjene Weise, vor der schon der katholische Priester warnte, und schon liegt man wieder im selben Schnee.

Zu lernen wäre, dass ein Ski nicht nur vorwärts gleiten, sondern auch seitlich rutschen kann. Bei diesem Seitrutschen werden die Innenkanten gegen die Fahrtrichtung in den Schnee gestemmt. Das Vorbeugen des Oberkörpers und leichtes In-die-Knie-Gehen sind nicht nur dem Gelingen, sondern auch der Eleganz des Pflugs förderlich.

Manch einer fragt sich: Wozu habe ich Stöcke? Ließe sich mit diesen bisher nutzlos am Handgelenk baumelnden Dingern nicht auch prima bremsen? Das ist ein kluger und weit in die Evolutionsgeschichte des Skilaufs zurückreichender Gedanke. Lange Zeit wurden die Stöcke in ausgetüftelten Techniken auch zum Bremsen benutzt. Das sogenannte Stockreiten zählte zu den beliebtesten Methoden, die Schussfahrt zu verlangsamen. Damals hatte man sich noch auf einen Skistock beschränkt, der zwischen die Beine geklemmt wurde. Er diente als Steuerruder und Bremse, und wie die Hexen vom Brocken rauschte man mit wehenden Schößen ins Tal.

Bei einer anderen Technik wurde der Stock diagonal vor dem Körper gehalten und wie ein Stechpaddel in den Schnee getaucht, als wäre er reißendes Wildwasser. Auch damit ließ sich steuern und bremsen. Zuweilen ging eine Technik in die andere über, je nach Anforderung des Geländes. Man lief beispielsweise in der Stechpaddel-Technik, stach also den Stock diagonal vor dem Körper ein, wechselte fürs Bremsen aber zum Stockreiten, wie 1797 ein holländischer Marineoffizier an norwegischen Skisoldaten beobachtete:

»Am gefährlichsten ist es, wenn man auf einmal anhalten muss. Dazu holt man den Stock geschickt von hinten nach vorn und klemmt ihn zwischen die Beine, zieht ihn dann mit beiden Händen nach oben, während man gleichzeitig den Körper zurückbeugt. Auf diese Weise bleibt man augenblicklich stehen, aber es ist leicht einzusehen, welch einen enormen Schock der Körper auszuhalten hat.«

Eine besonders gewitzte Methode erfanden die sibirischen Tungusen; sie befestigten am Ende ihres Skistocks einen großen Haken. Wurde ihnen die Schussfahrt zu schnell, konnten sie mit dem Stock nach dem nächstbesten Baum haschen und sich dort einhaken, eine Art Schleuderbremse.

In jedem dieser Fälle diente der Stock, war man unten angelangt, wieder dem Anschub, bis ein Elch oder ein Feind des Weges kam, gegen den er dank seiner Eisenspitze in eine tödliche Waffe verwandelt werden konnte.

Sowohl das Stockreiten als auch die sibirische Schleuder-bremse gehören zu jenen historischen Ideen, die sich im Laufe der Zeit als unbrauchbar erwiesen haben. Klemmen Sie die Stöcke also bitte während der Fahrt nicht zwischen die Beine! Und vor allem: Stellen Sie sie nicht vor Ihre Beine! Das ist ein absolutes No-Go. Strengstes Skifahrergesetz: Niemals die Stöcke während der Fahrt vor dem Körper entgegen der Laufrichtung einstechen. Es sei denn, Sie wollen eine mittelalterliche Kampferfahrung am eigenen Leib machen: das Durchbohrtwerden von der Lanze.

Auf solche archaischen Bremsmethoden ist niemand mehr angewiesen, seit die Kanten der Laufsohlen zuerst verstärkt, später mit Eisen abgesetzt wurden. Durch Erhöhung des Widerstands zwischen Ski und Schnee lässt sich einigermaßen einfach zum Stehen kommen. Wem das nicht gelingt, der kann immer noch die Backenbremse ziehen.

Apropos Stöcke: Nur einen Stock zu benutzen war bis weit ins 19. Jahrhundert hinein üblich. Die Norweger hatten das Einstockskilaufen zur Norm gemacht und setzten es ähnlich hartnäckig durch wie Mathias Zdarsky seine Schlangenschwungtechnik. Da man nur auf der einen Seite Schub bekam, hatte man auf der anderen Seite oft einen kürzeren, fellbezogenen Ski am Fuß, um sich abdrücken zu können. Finnen und Sami allerdings hatten längst das zweistöckige Skilaufen erfunden. Sie kamen schneller voran, wurden aber als hinterwäldlerisch verlacht, was unter anderem beweist, wie grundlos und wandelbar soziale Zuschreibungen sind.

Am unteren Ende der Stöcke banden sie eine Art Korb fest, der das Versinken der Stöcke im Schnee verhinderte.

Daraus wurden später die Teller. Meine Eltern benutzten bis weit in die Achtzigerjahre hinein Stöcke mit großen, durch Lederriemen am Stock gehaltenen Rädchen; Überbleibsel der frühen Erfindung. Ihre Stöcke waren nicht mehr aus Holz, sondern aus leichterem Bambus. Nach dem Bambus kam der Stahl. Später wurden die Stöcke aus Aluminium gefertigt, heute sind sie aus Karbon. Wer sie im Schlepplift mit den Spitzen auf die Bindung stellt und sich, die Arme gekreuzt, auf die Griffe lehnt, beweist, dass er das Anfängerdasein endgültig hinter sich gelassen hat (falls ihn dieser Beweis nicht aus dem Lift wirft).

Na dann, liebe Nicht-Keglerinnen und Nicht-Kegler: Hals- & Beinbruch! Das ist nicht sarkastisch gemeint. Auch der Kollege, der Ihnen vor dem Skiurlaub diesen Wunsch mit auf die Reise gibt, meint das nicht missgünstig. Die Formulierung zielt auf gutes Gelingen. Sie beruht bloß auf einem Missverständnis. »Hatslokhe u brokhe«, lautet der ursprüngliche Wunsch. Das ist Jiddisch und bedeutet »Erfolg und Segen«. Aber vielleicht hatte man die alte Methode böser Geister vor Augen, sich einen Spaß daraus zu machen, gute Wünsche ins Gegenteil zu verkehren, und lieber in weiser Voraussicht das Schlechte gewünscht.

Wenn also das nächste Mal jemand zu Ihnen sagt, Sie sollen sich auf der Piste Hals und Beine brechen, wissen Sie, dass gerade ein Haufen gemeiner Geister ausgetrickst wird.

CHRISTIAN MORGENSTERN
Der Seufzer

Ein Seufzer lief Schlittschuh auf nächtlichem Eis
  und träumte von Liebe und Freude.
Es war an dem Stadtwall, und schneeweiß
  glänzten die Stadtwallgebäude.

Der Seufzer dacht an ein Maidelein
  und blieb erglühend stehen.
Da schmolz die Eisbahn unter ihm ein –
  und er sank – und ward nimmer gesehen.

ERNEST HEMINGWAY
Schnee überm Land

Der Wagen der Drahtseilbahn ruckte noch einmal und hielt dann. Es ging nicht weiter. Dichter Schnee trieb über die Gleise. Der Sturm, der über die ungeschützte Oberfläche des Berges dahinjagte, hatte die Schneeoberfläche zu einer krustigen Schanze zusammengefegt. Nick wachste seine Skier im Gepäckabteil, stieß die Stiefelspitzen in die Bindung und zog die Spanner fest. Er sprang seitwärts aus dem Zug auf die harte Schanze, sprang um und fuhr in der Hocke, die Stöcke hinter sich herschleifend, in Schussfahrt den Abhang hinunter.

Auf dem Weißen tiefer unten tauchte George hinab, kam hoch und tauchte außer Sicht. Das Runtersausen und das plötzliche Niederschießen, als er einen welligen Steilhang der Bergwand Schuss fuhr, schalteten Nicks Denken aus und ließen nur das herrliche Gefühl von Fliegen und Fallen in seinem Körper. Er tauchte auf einer kleinen Anhöhe wieder auf, und dann schien der Schnee unter ihm wegzufallen, als er abfuhr, hinab, hinab, schneller, schneller in einem Schwung den letzten, langen, steilen Abhang hinab. In der Hocke, sodass er beinahe auf seinen Skiern saß, um seinen Schwerpunkt möglichst tief zu legen, fühlte er, als der Schnee wie ein Sandsturm ihn umbrauste, dass er zu starkes Tempo fuhr. Aber er hielt es. Er wollte nicht lockerlassen und umschmeißen. Dann schmiss ihn eine Stelle weichen Schnees um, die der Wind in einer Vertiefung gelassen hatte, er überschlug sich skiklappernd wieder und wieder, fühlte sich wie ein angeschossenes Kaninchen, dann war er festgekeilt, mit gekreuzten Beinen, seine Skier kerzengerade in der Luft und Nase und Ohren voller Schnee.

George stand etwas weiter unten am Abhang und klopfte mit großen Klapsen den Schnee von seiner Windjacke.

»Das war 'ne fabelhafte Abfahrt, Nick«, rief er Nick zu. »Das da ist lausig weicher Schnee. Hat mich genauso hingehauen.«

»Wie ist es denn jenseits der Mulde?« Nick stieß, auf dem Rücken liegend, seine Skier herum und stand auf.

»Man muss sich links halten. Es ist eine schöne, steile Abfahrt, und unten ein Christi wegen einem Zaun.«

»Wart einen Moment, wir wollen zusammen abfahren.«

»Nein, mach los. Fahr du zuerst. Ich möchte sehen, wie du die Mulden nimmst.«

Nick Adams fuhr an George vorbei, breiter Rücken, blonder Kopf, noch ein bisschen voll Schnee; dann kamen seine Skier am Rand ins Gleiten, und er schoss hinunter, zischend in dem kristallischen Pulverschnee, und er schien hinaufzuschweben und hinabzusinken, als er die wogenden Mulden rauf und runter fuhr. Er hielt sich links, und zum Schluss, als er mit fest zusammengepressten Knien auf den Zaun zusauste und seinen Körper eindrehte, als ob er eine Schraube anzog, brachte er seine Skier in dem aufstäubenden Schnee scharf nach rechts herum und verlangsamte die Geschwindigkeit parallel zu Berghang und Drahtzaun.

Er sah den Berg hinauf. George kam kniend in Telemarkstellung herunter, ein Bein vor und gebeugt, das andere nach sich ziehend; seine Stöcke hingen wie die dünnen Beine irgendeines Insekts und wirbelten beim Berühren der Oberfläche Schneewölkchen auf, und schließlich kam die ganze kniende, schleifende Gestalt in einem wunderbaren Rechtsbogen tief in der Hocke herum, ging in Ausfallstellung, der Körper lehnte sich nach außen über, die Stöcke betonten den Bogen wie Interpunktionszeichen aus Licht, alles in einer wilden Wolke von Schnee.

»Ich hatte Angst mit 'nem Christi«, sagte George. »Der Schnee war mir zu tief. Deiner war fabelhaft.«

»Ich kann mit meinem Bein keinen Telemark machen«, sagte Nick.

Nick drückte den obersten Draht des Zauns mit seinem Ski herunter, und George glitt darüber weg. Nick folgte ihm hinunter auf die Landstraße. Sie stakten mit weichen Knien die Landstraße entlang in einen Tannenwald hinein. Die Straße wurde zu poliertem Eis, orange und tabakgelb gefleckt von den Gespannen, die Baumstämme schleppten. Die Skiläufer hielten sich auf dem Schneestreifen am Rand. Die Straße senkte sich scharf einem Fluss zu und lief dann gerade bergauf. Durch den Wald hindurch sahen sie ein lang gestrecktes, tiefdachiges, verwittertes Gebäude. Durch die Bäume sah es blassgelb aus. Näher dran waren die Fensterladen grün gestrichen. Die Farbe blätterte ab. Nick schlug mit einem seiner Skistöcke die Spanner auf und schüttelte die Skier ab.

»Wir können sie hier geradeso gut tragen«, sagte er. Er kletterte den steilen Weg mit den Skiern auf der Schulter bergan und schlug die Absatznägel in den vereisten Boden. Er hörte George dicht hinter sich atmen und seine Absätze einschlagen. Sie lehnten die Skier gegen die Mauer des Gasthauses, klopften sich gegenseitig den Schnee von den Hosen, stampften ihn von den Stiefeln ab und gingen hinein.

Drinnen war es ganz dunkel. Ein großer Kachelofen glänzte in der Ecke des Zimmers. Es hatte eine niedrige Decke. Glatte Bänke standen hinter dunklen, weinfleckigen Tischen an den Wänden entlang. Zwei Schweizer saßen über ihren Pfeifen und zwei Schoppen trüben jungen Weins dicht am Ofen. Die Jungen zogen ihre Jacken aus und setzten sich an die Wand auf der anderen Seite des Ofens. Eine Stimme im Nebenzimmer hörte auf zu singen, und ein Mädchen in einer blauen Schürze kam durch die Tür herein, um zu hören, was sie trinken wollten.

»Eine Flasche Sion«, sagte Nick. »Ist dir das recht, Gidge?«

»Natürlich«, sagte George. »Du verstehst mehr vom Wein als ich. Ich trink alles gern.«

Das Mädchen ging hinaus.

»Ans Skilaufen kommt doch nichts heran, findest du nicht?«, sagte Nick. »Das Gefühl so zuerst, wenn man lossaust.«

»Hach«, sagte George, »das lässt sich gar nicht in Worte fassen.«

Das Mädchen brachte den Wein, und sie hatten Mühe mit dem Korken. Endlich bekam Nick die Flasche auf. Das Mädchen ging hinaus, und sie hörten sie im Nebenzimmer ein deutsches Lied singen.

»Die kleinen Korkstückchen darin schaden nichts«, sagte Nick.

»Ob sie wohl Kuchen hat?«

»Wir wollen mal fragen.« Das Mädchen kam herein, und Nick sah, dass ihre Schürze schwellend ihre Schwangerschaft bedeckte. Warum ich das wohl nicht bemerkt habe, als sie zum ersten Mal hereinkam, dachte Nick.

»Was sangen Sie eben?«, fragte er sie.

»Oper, deutsche Oper.« Sie hatte keine Lust, das Thema zu erörtern. »Wir haben Apfelstrudel, wenn Sie wollen.«

»Ist nicht so freundlich, nicht wahr?«, sagte George.

»Na, schließlich kennt sie uns ja nicht, und vielleicht dachte sie, dass wir sie wegen ihres Singens aufziehen wollten. Wahrscheinlich kommt sie von dort oben, wo sie Deutsch sprechen, und sie ist gereizt, weil sie hier sein muss, und dann erwartet sie ein Kind und ist nicht verheiratet, und dann ist sie eben gereizt.«

»Woher weißt du denn, dass sie nicht verheiratet ist?«

»Keinen Ring. Teufel noch mal, hier heiratet kein Mädchen, bevor sie nicht schwanger ist.«

Die Tür öffnete sich, und ein Trupp Holzfäller kam von der Landstraße herein; sie stampften ihre Stiefel ab und dampften in der Stube. Die Kellnerin brachte drei Liter jungen Wein für die Bande, und sie saßen rauchend und schweigsam an den beiden Tischen; sie hatten die Hüte abgenommen und lehnten sich rückwärts gegen die Wand oder vornüber auf den Tisch. Draußen hörte man von Zeit zu Zeit ein scharfes Glockengeklirr, wenn die Pferde vor den Holzschlitten die Köpfe hin- und herwarfen.

George und Nick waren glücklich. Sie mochten einander

Sie wussten, dass sie noch die Abfahrt nach Hause vor sich hatten. »Wann musst du wieder in die Schule?«, fragte Nick.

»Heute Abend«, antwortete George. »Ich muss den 10 Uhr 40 von Montreux kriegen.«

»Ich wünschte, du könntest bleiben, und wir könnten morgen den Dent du Lys machen.«

»Muss mich bilden«, sagte George. »Gott, Nick, wär's nicht herrlich, wenn wir einfach so rumstrolchen könnten? Unsere Skier nehmen und uns auf die Bahn setzen und aussteigen, wo's 'ne gute Abfahrt gibt, und dann weiter, in Kneipen kampieren und durchs ganze Oberland wandern und das Valais rauf und durchs ganze Engadin und nur Reparaturzeug und Reservesweater und Pyjamas in unseren Rucksäcken mitnehmen und uns den Teufel um die ganze Schule oder sonst was kümmern.«

»Ja, und dann so durch den Schwarzwald laufen. Mensch, all die tollen Orte.«

»Da warst du vorigen Sommer angeln, nicht wahr?«

»Ja.«

Sie aßen den Strudel und tranken den Wein aus. George lehnte sich gegen die Wand zurück und schloss die Augen. »Vom Wein fühl ich mich immer so«, sagte er.

»Fühlst du dich schlecht?«, fragte Nick.

»Nein, gut, aber komisch.«

»Ich weiß«, sagte Nick.

»Sicher«, sagte George.

»Wollen wir noch 'ne Flasche bestellen?«, fragte Nick.

»Nicht für mich«, sagte George.

Sie saßen da, Nick hatte die Ellbogen auf den Tisch gestützt, und George fläzte sich gegen die Wand.

»Erwartet Helen ein Baby?«, fragte George und kippte von der Wand an den Tisch zurück.

»Ja.«

»Wann?«

»Im Spätsommer.«

»Freust du dich?«

»Ja, jetzt ja.«

»Wirst du nach Amerika zurückgehen?«

»Wahrscheinlich.«

»Möchtest du?«

»Nein.«

»Möchte Helen?«

»Nein.« George saß schweigend da. Er sah auf die leere Flasche und die leeren Gläser.

»Zu gemein, nicht?«, sagte er.

»Nein, doch nicht ganz«, sagte Nick.

»Wieso nicht?«

»Ich weiß nicht«, sagte Nick.

»Ob ihr je in Amerika zusammen Ski laufen werdet?«, sagte George.

»Ich weiß nicht«, sagte Nick.

»Die Berge taugen nicht viel«, sagte George.

»Nein«, sagte Nick, »sie sind zu felsig. Es gibt zu viel Wald, und sie sind zu weit weg.«

»Ja«, sagte George, »genauso ist es in Kalifornien.«

»Ja«, sagte Nick, »so ist es eigentlich überall, wo ich war.«

»Ja«, sagte George, »das stimmt.«

Die Schweizer standen auf, zahlten und gingen hinaus.

»Ich wünschte, wir wären Schweizer«, sagte George.

»Die haben alle Kröpfe«, sagte Nick.

»Das glaube ich nicht«, sagte George.

»Ich auch nicht«, sagte Nick.

Sie lachten. »Kann sein, dass wir nie wieder zusammen Ski laufen werden, Nick«, sagte George.

»Wir müssen, unbedingt«, sagte Nick. »Ohne lohnt ja das Ganze nicht.«

»Wir werden, bestimmt«, sagte George.

»Ja, wir müssen«, stimmte Nick zu.

»Ich wünschte, wir könnten einen Eid darauf ablegen«, sagte George.

Nick stand auf. Er zog den Gürtel seiner Windjacke fest zu. Er beugte sich über George und nahm die beiden Skistöcke von der Wand. Den einen Stock stieß er in den Fußboden.

»Hat keinen Sinn, einen Eid abzulegen«, sagte er.

Sie öffneten die Tür und gingen hinaus. Es war sehr kalt.

Der Schnee war stark verharscht. Die Landstraße führte den Hügel hinauf in den Tannenwald.

Sie nahmen ihre Skier, die gegen die Mauer des Gasthauses lehnten. Nick zog seine Handschuhe an. George ging schon mit den Skiern auf der Schulter die Straße hinauf. Jetzt hatten sie noch die gemeinsame Abfahrt nach Hause vor sich.

Punk

Die machen mich noch ganz verrückt«, wisperte sie und zeigte auf eine Gruppe laut lachender Mittdreißiger in stylishen Skianzügen.

»Jetzt äs Aperööli!«, rief einer. Die anderen johlten.

»Geht das jeden Winter so?« Sie blickte mich fragend an.

Nun, was soll ich sagen, dachte ich, alles ganz normal, eine Horde Städter, die sich den Wochenendpass *Oberengadin Snow Deal,* ein Zimmer im Grand Hotel und *Skiwear* von Fendi oder Moncler Grenoble leisten können. Von den hubraumstarken schwarzen Monstern, mit denen sie aus dem Unterland angerauscht kamen, ganz zu schweigen.

»Ja«, antwortete ich, »das geht jeden Winter so.«

»Das habe ich befürchtet. Sie müssen wissen, mein Guter, ich bin sonst nur im Sommer hier. Da ist die Atmosphäre anders, ruhiger, man kann auch sagen: langweiliger, oder wie ein Schandmaul-Freund meinte: zum Umfallen öde, die wahrste Geriatrie. Das war allerdings vor seinem sechzigsten Geburtstag, mittlerweile fühlt er sich ganz wohl zwischen den Greisen. – Finden Sie, dass ich eine Greisin bin?«, fragte sie kokett.

Ich winkte entrüstet ab: »Davon sind Sie Welten entfernt!«

Madame Roques-Müller war mindestens siebzig (ich hätte im Computer nachsehen können, bei Stammgästen war das Geburtsdatum vermerkt), eine quirlige, kleine Person, ganz in Schwarz gekleidet, viel Schmuck, um den Hals, an den Armen, den Ohren, kunterbunt alles, Bakelit und Silber, reinstes Art déco (eine Seltenheit hier). Sie trug das Haar auf Kinnlänge, überbordende Locken changierten in zahllosen Grautönen; eine Ungefärbte (auch das eine Seltenheit hier). Über der Schulter eine Tasche, darin ein Hund oder vielmehr: ein Hündchen, ein dünnes Ding, das Fell so kurz, dass die Haut durchschimmerte, dunkle Knopfaugen, etwas basedowsch im Ausdruck. Ich wusste, es war ein Italienisches Windspiel, die waren in Mode, es war nicht das Erste im Haus. Die (deutschen) Besitzer erzählten jeweils gern, schon Friedrich der Große habe die gezüchtet – *der Alte Fritz, wissen Sie* –, es seien die bezauberndsten Wesen überhaupt, das charakteristische Zittern weise auf hohe Intelligenz hin, nicht auf Angst. Madame war zwar ursprünglich Deutsche, sie erwähnte den Alten Fritz dennoch nicht.

Eine neue Ladung Skifahrer kam die Außentreppe hochgestapft, lauter Männer, diesmal Mittvierziger, Sonnenbrillen im Haar, die Gesichter gerötet, Haut und Lippen glänzend, heutzutage cremten sich alle ein wie verrückt. Bevor sie das Haus betraten, stampften sie den Schnee weg, schlugen die Skischuhe zusammen, klopften mit den Fersen rhythmisch gegen die Stufen.

»Einen Lärm machen die!«, seufzte Madame. Das Windspiel guckte verstört, vielleicht auch nur neugierig, auf alle Fälle zitterte es.

»Ja«, antwortete ich leise, »die Geräusche sind das Schlimmste.«

»Wenn sie durchs Dorf stapfen mit ihren klobigen Schuhen!«

»Mit den Stöcken klackern.«

»In die Seilbahnen trampeln wie Elefanten.«

»Die Skier gegeneinanderschlagen, als ob es Guillotinen wären. Sehen Sie nur!«

Das ging weit über meine Befugnis hinaus, keinesfalls durfte ich mich mit einem Gast gemein machen, um über andere Gäste zu lästern. Aber ich fuhr ungeniert fort.

»Abends in der Bar betrinken sie sich lautstark.«

»Prosten sich brüllend zu.«

»Rammen die Gläser aneinander.«

»Das Allerschlimmste«, sagte ich schließlich, erschöpft von unser beider Redeflut, »ist, wenn diese grässlichen Skianzugshosen beim Gehen dieses Geräusch machen, dieses ...«

»Knirschen? ...«

»Ripschen? ...«

»Rascheln? ...«

»Es gibt überhaupt kein passendes Wort dafür!«, rief Madame. Wir lächelten einander glückselig an, die Diva aus Biarritz und der alternde Portier (ich arbeitete in diesem hehren Haus schon 22 Jahre, oder wie wir hier oben sagten: 44 Saisons (oder vielmehr 43; eine hatte ich ausgelassen – erst eine Knieoperation, dann Grauer Star, gefolgt von allerlei Scherereien mit den Schwestern nach dem Tod unseres Vaters, dem Himmel sei Dank war das alles in die Wintersaison gefallen).

Die Horde erfolgreicher Jungbanker oder PR-Fritzen oder was auch immer sie waren, stand in der Lobby herum. Sie überlegten, ob sie vor dem *Aperööli* noch ins Spa sollten.

»Diese jungen Leute heutzutage sind alle so ... so ... konform«, sagte Madame. »Wissen Sie, früher war ich ein Punk. Dann habe ich ihn geheiratet« – sie deutete auf Monsieur (ein wahrer Greis), der in der Halle im Sessel schlief – »und wurde ein Edelpunk. Sie kennen Vivienne Westwood?«

Natürlich kannte ich Vivienne Westwood. Also nickte ich.

»Die war auch ein Edelpunk.«

Madame Roques-Müller redete wirklich viel. Die meisten, die an der Portierloge viel redeten, waren unglücklich, das hatte ich im Laufe der Jahre gelernt. Varianten des Unglücks gab es zahllose, auch das hatte ich gelernt. Zuhören gehörte zu unserem Beruf, vor allem spätabends. Einer der fitnesscentergestählten Jünglinge starrte auf sein Handy und brüllte: »Kältefront im Anmarsch! Heut Nacht minus 21 Grad!«

»Ab in die Sauna«, rief ein anderer, »präventiv aufheizen!«

»Eieiei, minus 21 Grad«, seufzte Madame, »warum sind wir bloß hierhergekommen? Das kann ja heiter werden, nicht wahr, *mon chouchou*?« Das Windspiel lugte neugierig aus der Tasche, die Ohren gespitzt. »Aber er wollte es unbedingt.« Sie zeigte auf den Gatten, er schlief mit offenem Mund, bequem im Ohrensessel versunken.

»Maurice schwelgt in Erinnerungen an die Sechziger, als es im Winter noch zivilisierter zuging. Und er angeblich ein, nun ja, rasanter Skiläufer war.«

Der Pianist schlurfte an uns vorbei, Notenmappe unter dem Arm, er spielte immer vor dem Abendessen eine Stunde; für mich das Zeichen, dass meine Schicht zu Ende ging, für Frau Roques-Müller jenes, dass sie ihren Gatten wecken und sie sich fürs Dinner zurechtmachen sollten.

»Wir sehen uns morgen«, verabschiedete sie sich.

»Einen schönen Abend wünsche ich Ihnen«, antwortete ich.

Tobi kam ums Eck, schnäuzte sich diskret hinter der Säule, zupfte die Krawatte zurecht; Schichtwechsel. Gleich würde ich mir in der Kantine eine kalte Platte zusammenstellen, über die Personaltreppe aufs Zimmer steigen (ich bewohnte im *Entresol* ein recht großzügiges Zimmer, allerdings mit grotesk niedriger Decke, dafür mit eigenem Bad), die Flasche Rotwein von gestern leeren, vielleicht eine neue öffnen, eine niederländische Serie schauen. Das war mein Spleen: Mich jede Saison auf eine Sprache kaprizieren, diesen Winter eben Holländisch, ich mochte es sehr *(het was gemakkelijk voor mij, het was een banale taal, kleine woordenschat, eenvoudige grammatica, iedereen kon het leren).*

Ich beobachtete Madame, wie sie sich über den Gatten beugte, das Windspiel hüpfte aus der Tasche, ihm direkt auf den Schoß. Tobi und ich machten die Übergabe am Schreibtisch im Hinterzimmer, als wir wieder nach vorne traten, waren die Herrschaften samt Chouchou verschwunden.

*

Um 5 Uhr in der Früh klingelte mein Telefon. Der Nachtportier war dran. »Schorsch«, sagte er, »Schorsch, bitte entschuldige, aber hier steht eine verzweifelte Dame, die nach dir verlangt.«

Ich wusste gleich, wer es war.

»Madame?«, fragte ich.

»George!«, rief sie, »minus 21 Grad! Chouchou muss Pipi machen, wir waren draußen, aber ihm sind die Füße festgefroren! Ich musste ihn losreißen, jetzt hat er blutige Pfoten! Was mach ich nur? Er muss doch Pipi!«

Sie klang aufgelöst.

Ich hatte schon Windspielrüden in der Halle ihr Bein an den Polstermöbeln heben sehen, das ging ganz flott, nahezu unbemerkt, kleine Hunde hatten ja diese Angewohnheit, vor allem Dackel. Aber natürlich konnte ich Madame schlecht raten, das Windspiel durch die Halle marschieren zu lassen, um die Möbel zu markieren.

»Ich hasse diesen verfluchten Winter, ich reise ab!«, rief sie. »Gleich nach dem Frühstück, aber erst muss Chouchou Pipi!«

»Madame«, flüsterte ich konspirativ, als ob mich jemand hören könnte, was natürlich lächerlich war, »sagen Sie es niemandem, aber warum gehen Sie nicht in die Tiefgarage, da liegt weder Schnee noch ist es besonders kalt?«

»George! Ich wusste es: Sie sind ein Genie!«

Sie legte auf.

Ich wollte mich umdrehen und weiterschlafen, war aber zu unruhig. Ich zog mich an, eilte hinaus und ging durch die Kälte zum Parkhaus hinüber, öffnete leise die Tür, es brannte kein Licht. Ich horchte. »Braves Tier«, hörte ich,

»noch ein letztes Pipi, schau, das ist doch ein fettes, schickes, schwarzes Auto.«

Beruhigt zog ich die Tür zu, stockte, ich glaubte ein lang gezogenes Kratzen zu hören, ganz so, als ob sich ein Schlüssel oder ein Ring durch Metall ritzen würde. Einmal Punk, immer Punk, dachte ich. Aber vielleicht hatte ich mich ja auch geirrt.

Der Mann, der über die Silvretta kam

Zwei Tage, bevor Kleinhäusler in Begleitung des Ober-quartiermeisters I Franz Halder im Spezial-Mercedes nach Wien braust ... Wien / Wien, nur du allein / Sollst die Stadt meiner Träume sein; aber nicht doch, ist ja von einem jüdischen Komponisten! ... am Vorvortag der GEBURTS-STUNDE GROSSDEUTSCHLANDS erschein ich im Grazer Rathaus beim Hofrat Zötlotener und bitt ihn, mir meine von den ›Sicherheitsorganen des Christlichen Ständestaats‹ beschlagnahmten Dokumente zurückzugeben: Reisepass, Doktordiplom, Führerschein. Merkwürdiger- oder typischerweise ist der Hofrat, ein Monarchist, blass vor Erregung, jedoch zu Scherzen aufgelegt: ›Jetzt, wo Der Führer kommt, wollen Sie Ihren Führerschein? An und für sich stehn S' ja noch unter Polizeiaufsicht.‹

›An und für sich schon. Aber ich stell mir vor, dass sich die Polizei jetzt von einem Tag zum andern sehr verändern wird –‹

›Das stell ich mir ebenfalls vor. Und darum wär ich bereit, beide Augen zuzudrücken in der Annahme, dass Sie sich ins Ausland abzusetzen wünschen.‹

›In der Annahme, Herr Hofrat, muss ich Sie bestärken.‹

›Ich begeb mich a-u-c-h hinaus‹; Zötlotener, etwas feierlich: ›Nach Belgien. Stenokerzeel. Zum Kaiser Otto. Und wenn Sie mir untertänigste Grüße an Seine Majestät auftragen, so händige ich sie Ihnen binnen einer halben Stunde aus, die beschlagnahmten Dokumente.‹

›Also gut. Ich trag Ihnen schöne Grüße auf an den Herrn Doktor Otto von Habsburg-Lothringen.‹

›Das Geschäft ist schon gemacht‹; Zötlotener lächelt. Eine halbe Stunde später hab ich in der Tat meine Dokumente wieder. *So* leicht hat sich dies angelassen: zwei Tage vor der Annexion Österreichs, erfolgt ausgerechnet unterm Kennwort *Geheime Reichssache* UNTERNEHMEN OTTO. Herauszukommen allerdings ist für mich komplizierter gewesen:

Eine knappe Woche, nachdem Kleinhäusler auf Wiens Heldenplatz ›vor der Weltgeschichte die Heimkehr seiner Heimat ins Rrreich gemeldet‹ hat, fährt meine Xane mit dem Ehepaar Pola und Joop ten Breukaa in einem Abteil Erster des Arlberg-Express der Schweizer Grenze zu. Ich fahr in einem Abteil Dritter desselben Zugs, Bretter überzwerch auf den Gepäcknetzen, als Skiläufer verkleidet, eine schwarze Zipfelmütze tragend sozusagen als Tarnkappe: zur Verdeckung meines Besonderen Kennzeichens.

Die ganze Reise über bis Bludenz, Vorarlberg, schneiden mich Joop und ›seine Damen‹, so abgesprochen auf dem Wiener Westbahnhof.

Pola, die ums Jahr 1912 auf der Praterbühne Beim Leicht debütiert hatte unterm Namen Pola Polari, ist als Soubrette fast berühmt geworden; allerdings nur fast; sie wurde bereits in einem Atem mit der Massary und der Zwerenz genannt; das Apollo, das Theater an der Wien die weiteren Stufen ihres Aufstiegs. Im dritten Weltkriegsjahr unterbrach sie ihre Karriere und rückte als Krankenschwester ein. In einem Waldkarpathenbad, in das Schwerverwundete zur Rekonvaleszenz kommandiert wurden – ich hatte eine erste und zweite Kopfoperation beim Oberstabsarzt v. Rohleder und eine dritte beim Admiralstabsarzt v. Eiselsberg hinter mir –, pflegte sie mich, und ich hatte die Ehre, die zweifelhafte Ehre, von Pola entjungfert zu werden. (Zweifelhaft einzig und allein deswegen: Weil ich nie, zeitlebens nicht, ganz genau wusste, ob ich, kaum 18, nicht schon vorher entjungfert worden war.) Im Nachkriegswien welkte der Ruhm der ›Populari‹, und so heiratete sie denn den betagten Grafen Orszczelski-Abendsperg, der alsbald, auf der Hochzeitsreise in Venedigs Hotel Royal Danieli, entschlief. Zur Operette zurückzukehren, war sie zu stolz. Und so heiratete denn die verwitwete Gräfin Orszczelska-Abendsperg (so nannte sie sich ungeachtet, dass die Erste Republik Österreich die Adelsprädikate abgeschafft hatte) 1927 Joop ten Breukaa, mehr oder weniger Stillen Teilhaber einer Amsterdamer Reederei. Einen Teil seiner Jugend hatte er in Niederländisch-Indien, auf den von seinem Vater als Kolonialherrensitz ausgebauten ›Kapong‹ zwischen dem Hafen Surabaja und den ›Vorstenlanden‹ Javas verbracht. Später, im väterlichen Reedereibüro, hielt es ihn nicht. Ab und zu tätigte er für die Firma Auslandsgeschäfte, studierte in Europa herum Kunstgeschichte, sammelte Bilder holländischer und französischer Meister, ostasiatische und etruskische Plastiken, machte sich in Europas Kunsthändler- und Künstlerkreisen einen gewissen Namen: als Liebhaber berühmter Gemälde und unberühmter Schauspielerinnen, die er ›förderte‹. Weil er als solcherart Mäzen nicht eben knickrig war, nahm das Lustige Künstlervölkchen die sprichwörtliche Langeweile seiner Gegenwart hin. Er hatte Pola eine Villa in Wiens Cottage-Viertel zu bieten, einen Landsitz namens Acla Silva im Oberengadin und eine winzige Stadtwohnung (9 Zimmer) in Amsterdam. Im Jahr 36 hatte er bereits einen Jacob van Ruisdael, einen Salomon van Ruisdael, einen G.B. Weenix, einen S. de Vlieger, einen J. de Momper, einen Dirk Hals aus Wien evakuiert, teils nach Amsterdam, teils nach Acla Silva; vor allem aber DEN SPAHI, den er seinen ›Leibwächter‹ nannte.

Wenn die ten Breukaas sich entschlossen, am 18. März 38 das soeben ausgebrochene Großdeutsche Reich via Buchs zu verlassen (und Xane mitzunehmen), so nicht deshalb, weil Pola ›einige Tropfen des verfemten Blutes intus‹ hatte, wie Joop gemüdet bemerken konnte; sondern weil er ›Repressalien devisengesetzlicher Natur‹ befürchtete.

Die Repressalien, die *ich* zu befürchten hatte, waren nicht devisengesetzlicher Natur.

In Bludenz steig ich aus dem Arlberg-Express und schultre meine Bretter, und der Zug fährt an, und ich luge über die geschulterten Bretter flüchtig zum Waggon Erster Klasse zurück und bekomm aus dessen Fenster nicht den geringsten Abschiedswink: auch das abredegemäß; dennoch versetzt mir das Manko einen ganz kleinen kurzen Stich ins Herz, der sich in derselben Sekunde in einem kleinen Stirnstich auswirkt.

Alles schon gehabt und zugleich neu. *Die* Situation *ist* neu.

Und so entwickelt sie sich, die Situation. Den Postbus nehmen nach Schruns (wo Ernest Hemingway einmal glücklich gewesen sein soll); ungemeldet bei einem Genossen (Arzt) übernachten; anderntags durch Montafon nach Sankt Gallenkirch hinauf. Dort beim Schmugglerkönig Toni E. nächtigen. Hab wenige Schmugglerkönige angetroffen, die organisierte Genossen waren oder gar geblieben sind; Toni einer der wenigen. In niederer Stube bei Petroleumlicht und Glühwein instruiert er mich: Die im Gebiet Montafon-Silvretta nagelneu eingesetzten ss-Grenzpatrouillen auf Skiern stammen aus Bayern. Sie kennen sich im ›arktischen‹ Grenzgebiet der Silvretta noch nicht ganz aus. Die hiesige Gendarmerie, mit der sie gemeinsam Dienst versehn, hat teils bis dato noch nicht naziwärts umgeschwenkt, und die Schneeverhältnisse über 2000 m ü. d. M. sind momentan für Skifahrer ausgezeichnet. Die Grenze zwischen dem – nun reichsdeutschen – Montafon und dem schweizerischen Prättigau ist in der Schneewüste der Silvretta mit langen Stöcken abgesteckt, aus Behältern hervorragend, in denen in wasserdichtem Umschlag der fast auf den Meter genaue Grenzverlauf schriftlich fixiert ist. – Toni wird mich um 4^h früh zu dieser Grenze führen; die vier schmalen Seehundsfellstreifen für unsern Anstieg auf Skiern unterzieht er während seiner Instruktion einer Zerreißprobe, um drauf unser beider Skipaare sachkundig einzuwachsen: mithilfe eines Bügeleisens. Entweder läuft die Sache glatt – eine der Voraussetzungen bei anständigem Skifahren, haha; so Toni. Oder, falls Gefahr im Verzug sein sollte – Toni wird sich, wenn wir droben auf der Silvretta sind, *hinter* mir halten –, steckt er die in einem Abstand von hundert Metern verlaufenden Grenzstöcke um. Steckt sie zurück, die in der SCHUSSLINIE ragenden (was sich sowohl auf Schussfahren wie auf Schießen bezieht), zurück auf montafonisches, auf vorarlbergisches, auf österreichisches, Pardon, auf großdeutsches Gebiet, so wie man bei gewissen Meisterschaften Slalomstecken manipuliert, hahaha … Und die Brüder aus Bayern würden sich täuschen lassen, mir auf vermeintlich Schweizer Gebiet nicht folgen. Drüben, die Skipatrouillen der helvetischen Grenzpolizei sind seit einer Woche verstärkt worden. ›Liegt der Fall klar, Trebla?‹

›Der Fall liegt klar, Toni.‹ Bin eine Skikanone mittlerer Güte; der in Olmütz Geborene war vom Terrain umgeben: Hohe Tatra, Erz- und Riesengebirge; mein Vater saß zu Pferd und lachte über Skifahrer; meine Mutter liebte den ›neuen Sport‹; mit zehn brillierte ich im Telemarkschwung bei Pulverschnee; mit zwölf fuhr ich Schuss, um irgendwelchen zuschauenden Damen zu imponieren, bis ins nächste Wäldchen hinab, wo ich Kleinholz machte, d.h. meine Bretter zerbrach. Nach dem Krieg erlernte ich bei Hannes Schneider, dem Gründer der Skischule St. Anton, das Abfahren in der ›Arlberghocke‹. (Toni E. erzählt mir soeben, der Hannes wandert jetzt nach Amerika aus.) Mit dem Fliegen war's nichts mehr: meiner Kriegsverletzung wegen, mit den Skiern ist es noch etwas, selbst bei langer Abfahrt. *So* rasch wie beim Fliegen verändert sich der Luftdruck nicht. – Fast hätten sie mich gefangen genommen.

Gefangen genommen? Bin ich schon im Zweiten Krieg? Gefahr im Verzug, fahr-fahr-fahr! Genauso wie der Toni es einkalkuliert hat, taucht in der Schneeferne – Schneeferner heißt ein Nordtiroler bayernwärts blickender Piz – die skifahrbare ss-Patrouille auf; tauchen die Bayern auf; steckt der Toni die ›Slalomstecken‹ um, Minuten bevor sie heranzischen im Pulverschnee, und ich entzisch ihnen, um-flatscht von ein paar Karabinerschüssen. Das ist mir schon *gar* nichts Neues, und ich bekomm nicht einmal Stirnklopfen davon.

Hoffentlich entwischt der Toni ihnen. Ah was, er fährt ja wie ein junger Gott.

's ist wieder Krieg und ich begehre / Nicht schuld daran zu sein. (Matthias Claudius, Wandsbek.) Vor allem aber begehr ich, auch an diesem, auch in diesem Krieg nicht zu krepieren. Nicht auf der Silvretta. – Xane in Zürich wiedersehn; das Paar ten Breukaa ist sogleich ins Engadin weitergefahren. Zwei Monate in Zürichs Seefeldquartier wohnen, im Hotel Zum Hinteren Falken, einem Haus Dritten Rangs, kurz Im Hintern genannt. Das entspricht der ›neuen Situation‹. Man soll sich da nie in Sicherheit wiegen und schon gar nicht nach siebenjähriger Ehe, doch habe ich den guten Verdacht: Xane liebt mich, und nicht nur das; sie scheint sogar nagelneu verliebt zu sein in DEN MANN, DER ÜBER DIE SILVRETTA KAM.

Melancholie

Das Geld ging zur Neige, und der Februar war nicht eben der lukrativste Monat für freischaffende Gärtner. Dennoch beschlossen Adamo und Efgenia, um Adamos vierundvierzigsten Geburtstag herum ein paar Tage Ferien zu machen. Er fuhr gern Ski, und nach einiger Recherche fanden sie einen Ort, an dem sie es sich leisten konnten. Er hieß Avers, ebenso wie das Tal, und es gab dort einen kleinen Gasthof, den ein Kunde von Adamo empfahl, das Hotel Bergalga. Sie waren viele Jahre nicht mehr Ski gefahren, und Efgenia hatte keine Ahnung, wie ihr Rücken das nach der Bandscheiben-OP vertrug, die sie nicht nur von unerträglichen Rückenschmerzen, sondern auch von wochenlanger Morphiumabhängigkeit erlöst hatte. Sicherheitshalber packte sie Schmerztabletten, Wärmepflaster und eine Bettflasche ein, dazu ihren stärksten Vibrator, der eigentlich als Massagegerät gedacht war.

Die Reise stand allerdings von Beginn an unter einem sonderbaren Stern. Kurz vor der Abfahrt hatte Efgenias Mutter angerufen und erzählt, dass bei Babas Krebs vermutet wurde, und mehr noch als diese Nachricht hatte Efgenia erschreckt, dass Mana gesagt hatte: »Sollte sich der Verdacht bestätigen, will er kurzen Prozess machen. Was ich dann tue, weiß ich noch nicht.«

Das ließ sich natürlich nicht wegschieben, und die vielen Kurven hoben ihre Laune auch nicht. Immerhin erbrach sie nur einmal, bei Andeer. Kaum hatten sie ihr Zimmer bezogen, bekam sie aber Nasenbluten, und statt mit Adamo die Gegend zu besichtigen, lag sie mit einem nassen Lappen auf der Stirn am Boden. Denn ihre Kleider stanken noch nach Erbrochenem, und so wollte sie sich nicht aufs frische Bettzeug legen.

Sie schlief kurz ein, und als Adamo sie weckte, war es draußen fast dunkel. Er erzählte, dass er für beide gute Skier hatte mieten können, die noch eingestellt würden, und außerdem Schlittschuhe.

»Gibt es hier eine Eisbahn?«, wunderte sie sich.

»Nicht eine«, sagte er, »die.« Und weil Efgenia sich wieder besser fühlte, zogen sie das Abendessen vor und wollten danach gleich Eis laufen gehen. Es gab Pizzoccheri mit einer Kartoffelsorte, die Adamo begeisterte und die er unbedingt selbst anpflanzen wollte (es waren blaue St. Galler). Und obwohl sie noch Sport treiben wollten, ließ er es sich nicht nehmen, zwei Grappa zu bestellen. »Auf deine Eltern«, sagte er, als er das Glas hob, »mögen sie gut Abschied nehmen.«

»Warum sagst du das?«, fragte sie vorwurfsvoll. »Es steht noch gar nichts fest.«

»Mach dir nichts vor«, sagte er, »was auch immer herauskommt, ihr Leben wird danach ein anderes sein.« Und nachdem er das Glas in einem Zug gekippt hatte, fragte er: »Sag, wie würdest du dich verhalten, wenn ich vor der Entscheidung stünde, mein Leben zu beenden?«

»Wir feiern gerade deinen Geburtstag, Adamo.«

»Nein, der ist morgen«, antwortete er. »Und es kann auch uns jederzeit treffen. Vielleicht hast du morgen Brustkrebs, kinderlose Frauen über vierzig haben ein erhöhtes Risiko. Und erinnerst du Mike, den Sanitäter, dem ich als Rettungsfahrer manchmal zugeteilt war? Sein Bruder Stefan, IPS-Pfleger, ist letzte Woche einfach tot umgefallen, Hirnschlag, bumm. Er war so alt wie ich.«

»Hast du noch Kontakte zum Spital?«

»Eigentlich nicht, aber Mike hat mich angerufen«, sagte er, »die ganze Mannschaft gibt bei der Beerdigung ein Ständchen: *Stets i Truure.* Das haben wir oft gesungen, wenn wir Leichen transportiert haben. Ich finde schön, dass er an mich gedacht hat.«

»Ja«, sagte sie. »Und gehst du?«

»Dann sind wir noch nicht zurück«, antwortete er.

»Nimmst du Nachtisch?«

Sie wollten erst nicht, aber dann teilten sie sich doch eine an sich hervorragende Crema Catalana, die nur leider mit Lavendel parfümiert war.

Danach spazierten sie zur winzigen Eisbahn, die abseits des Dorfs direkt am Rand einer Schlucht lag. »Wie in einem Fellinifilm«, sagte Efgenia, und während Adamo nach dem Schalter für das Flutlicht suchte, betrachtete sie die Sterne, eine Unmenge Sterne, die auch nicht verschwanden, nachdem Adamo die Lampen angedreht hatte, denn es waren nur zwei Funzeln. Das Eis war nicht gepflegt, doch das machte ihr überhaupt nichts aus, sie war als Kind in Griechenland auf noch schlechterem Eis gelaufen. Sogar Regionalmeisterschaften hatte sie bestritten, und sie war überrascht, was sie alles noch beherrschte.

»Spring mal«, rief Adamo schließlich, doch das ließ sie schön bleiben, den Bandscheiben zuliebe. Dafür versuchte er es und wäre fast über die Bande und in die Tiefe gestürzt.

Sie liefen lange, das heißt, irgendwann lief nur noch sie, während Adamo ihr zusah und dabei rauchte. Danach spazierten sie Hand in Hand bis zum Ende des Dorfes. Die Luft war schneidend klar, der Atem ballte sich zu dicken Wolken, und die Milchstraße war so satt mit Sternen gespickt, dass sie aussah wie Las Vegas.

Adamo sah lange hoch, dann sagte er: »Wenn man so was sieht, verändert sich das Bild des Todes völlig. Gemessen an diesen Dimensionen sind wir Menschen – sowieso der Einzelne, aber auch die ganze Rasse – rein gar nichts. Es ist völlig unerheblich, ob wir da sind, einmal abgesehen davon, dass es außer uns vielleicht niemanden gibt, der das alles bewundert.«

Sie selbst war in Gedanken ganz woanders gewesen, einerseits natürlich bei ihren Eltern, doch gleichzeitig hatte sie dem Gefühl nachgehangen, wie ihre Schlittschuhe über der Schulter baumelten, einer vorn, einer hinten, zusammengebunden mit den Schnürsenkeln, und hatte sich gewundert, wie eng dieses Gefühl mit ihrer Kindheit verbunden war. Das war eine zarte und verletzliche Erinnerung, und genau in dem Augenblick, da sie sich durchgerungen hatte, sie mit Adamo zu teilen, war er derart aufgesetzt philosophisch geworden.

»Hast du so mit der Wichmann philosophiert, als ihr zu Silvester wandern wart?«, fragte sie gereizt.

»Nein, damals war es bewölkt«, antwortete er knapp

und ließ ihre Hand los, um die Schlittschuhe von der einen auf die andere Schulter zu wechseln.

Als sie gleich darauf etwas huschen sahen, nahm er sie allerdings wieder. »Ein Hase«, flüsterte er, und obwohl sich danach nichts mehr regte, blieben sie noch eine ganze Weile so stehen, sahen übers Schneefeld, und Efgenia dachte, dass sie ohne Adamo nicht würde leben wollen.

Natürlich spürte sie in der Nacht den Rücken, doch das hinderte sie nicht daran, anderntags mit ihm auf die Piste zu gehen. Die Schneedecke im Tal war dünn, nur einer der zwei Lifte wurde bedient, und die Piste war nach Adamos Schätzung gerade mal fünfhundert Meter lang. Dafür war sie herrlich buckelig, er liebte das, und mit den modernen Carvingskiern fuhr er so lässig wie ein Skilehrer. Sie selbst rutschte nur ein paarmal auf den Kanten talwärts, mehr ließen die Schmerzen nicht zu, dann kehrte sie ins Hotel zurück, nahm zwei Tabletten und füllte die Bettflasche.

Er kam bald nach, denn inzwischen schien die Sonne auf den Skihang, und im Nu war alles Sulz geworden. »Zieh dich aus und lege dich auf den Boden«, forderte er sie auf, massierte sie erst und drang dann in sie ein. Inzwischen schien die Sonne auch ins Zimmer, und sie blieben lange so liegen und genossen das Sonnenlicht auf der Haut.

Die Tabletten und die Massage wirkten so gut, dass sie nachmittags sogar etwas schneeschuhwandern konnten, bis zu einer kleinen Alp, in der sie Kaffee tranken. Danach kehrten sie zurück, denn außerhalb des Dorfs hatten sie keinen Handyempfang, und Adamo wollte die Glückwünsche abhören.

Efgenia rief währenddessen ihre Schwester an. Die

wusste über den Krebsverdacht bereits Bescheid und reagierte seltsam kühl.

»Himmel«, schrie Efgenia sie an, »stell dir vor, Babas bringt sich um und Mana sich auch. Dann sind wir vielleicht in einer Woche Waisen.«

»Ich finde das sehr verantwortungsvoll von ihnen«, sagte Eleni nur. »Was meinst du, was so ein Krebspatient kostet? Griechenland ist kein Schlaraffenland wie die Schweiz, wir haben nicht eure Krankenkassen. Und Manas Witwenrente ist bestimmt winzig, dazu muss sie irgendwo wohnen. Jammern kannst du, aber wer hat sie schließlich an der Backe? Ich, wie immer.«

Als Efgenia auflegte, war Adamo aus dem Zimmer gegangen. Sie fand ihn hinterm Haus, beim Kücheneingang, er rauchte und sah zu, wie das Abendessen vorbereitet wurde.

»Eleni behauptet, ich lasse alle im Stich«, erzählte sie. »Aber siehst du etwas, das ich für Babas und Mana tun kann?«

»Ja«, sagte er, nachdem er die Zigarette an seiner Schuhsohle ausgedrückt und in den Schnee geschnipst hatte. »Ja, sag Danke. Gib ihnen das Gefühl, dass ihr Leben Sinn gemacht hat, und lass sie frei.«

»Ich verstehe nicht, was du meinst«, erwiderte sie, obwohl sie glaubte, schon zu verstehen.

»Sag Danke für das, was sie dir waren, und lasse sie frei«, sagte er nochmals.

»Ich bin aber mit ihnen noch nicht fertig«, antwortete sie hitzig. »Die Sache mit dem Subaru für Eleni zum Beispiel, und überhaupt. Weißt du, dass Babas mich geschlagen hat? Das fiel mir heute Nacht ein. Ich wollte andere Schlittschuhe, bessere, ich hatte nur das Standardmodell, und aus zweiter Hand. Er gab mir stattdessen eine Ohrfeige und sagte: ›Sei lieber dankbar, dass du zwei Beine hast, die dich tragen.‹«

Adamo sagte dazu nichts. »Lass ihn frei«, wiederholte er abermals. »Das ist, was du für ihn tun kannst.«

Danach gingen sie essen, dabei schwiegen sie meist. Es gab Maluns mit Milchkaffee. Die Serviertochter hatte ihnen erklärt, dass man den mit Maluns gefüllten Löffel in den Kaffee tauchte, ehe man aß, das taten sie auch, doch Efgenia fand es kindisch, und als die Köchin an den Tisch kam und hören wollte, wie es ihnen schmeckte, überließ sie es Adamo zu antworten. Er begann gleich zu schäkern, verteilte übermäßig Komplimente – sogar der Lavendel in der Crema Catalana war ihm plötzlich ein Lob wert –, und als sie der Köchin draußen beim Rauchen wieder begegneten, schnorrte er erst von ihr eine Beedee, dann bot er ihr das Du an und wollte sich später mit einer Grappa revanchieren. »Ich habe Geburtstag, du darfst es mir nicht ausschlagen«, sagte er kokett.

Und tatsächlich setzte sie sich zu ihnen, sobald die Küche geschlossen war, nur spendierte sie die Grappa. Sie hieß Barbla, war erst zwanzig und in Avers nicht glücklich. »Ich bin in einem solchen Tal aufgewachsen«, erzählte sie. »Meine Eltern leben noch dort, aber die Jungen gehen alle. Die Post wurde geschlossen, die Schule ist zu, der Dorfladen, die Schreinerei, die Gasthöfe. Der letzte Wirt hat sich letztes Jahr totgesoffen. Hier ist es noch nicht so weit, aber wenn man aus einem solchen Kaff kommt, kann man in keines der Täler, ohne die Verwesung zu riechen.«

»Und wohin willst du?«, fragte Adamo.

»Nach Zürich«, sagte Barbla sofort, »oder wenigstens nach Chur. Das Schlimme ist, ohne Berge kann ich auch nicht sein. Aber von Zürich aus sieht man sie immerhin.«

Also tranken sie erst auf die Berge, dann auf die Zukunft und schließlich auf die Verwesung, auf Werden und Vergehen, wie Adamo sagte. Barbla hatte einen tüchtigen Zug, und Adamo hielt mit. So war es für einmal Efgenia, die ihn bremste. »Wenn du an deinem Geburtstag noch etwas von mir haben willst, dann komm jetzt hoch«, sagte sie.

Und er stand auch gleich auf, legte den Arm um sie – vielleicht mehr, um sich zu halten – und ging mit ihr zur Treppe. Während der paar Schritte begriff sie, dass Adamo sie nicht einen Augenblick lang vermissen würde, wenn sie vor ihm stürbe. Und bei aller Bitterkeit lag in dem Gedanken sogar eine leise Süße.

ARTHUR CONAN DOYLE

Ein Alpenpass auf Skiern

Von außen betrachtet, sehen Skier nicht besonders bösartig aus. Es sind zwei Gleithölzer aus Ulmenholz, 8 Fuß lang, 4 Zoll breit, mit einem eckigen Hinterteil, einer nach oben gerichteten Spitze und in der Mitte Riemen, mit denen die Skier an den Füßen befestigt werden. Wenn man sie anschaut, würde niemand vermuten, welche Möglichkeiten darin versteckt sind. Aber wenn du sie anziehst und dich nur kurz umdrehst, um zu schauen, ob deine Freunde dich ansehen, da liegst du schon mit dem Kopf voran im Schnee, verzweifelt mit den Beinen rudernd. Und wenn du meinst, du hättest es geschafft, wieder aufzustehen, liegst du schon wieder im Schnee, und deine Freunde werden sich mit dir besser amüsieren, als sie je gedacht hätten.

So ist es am Anfang. Natürlich erwartest du, dass der Ärger weitergeht, und du wirst nicht enttäuscht werden. Aber mit der Zeit wird es ein bisschen komplizierter. Skier sind sehr launisch. An einem Tag kann nichts falsch gehen. Am nächsten, bei gleichem Wetter und gleichem Schnee, geht gar nichts. Du stehst oben an einem schönen Hang, du stellst dich auf eine Schussfahrt ein und lehnst nach vorne – doch die Skier kleben fest, und schon liegst du mit dem Gesicht voran im Schnee. Oder du stehst in einer Ebene, die so flach scheint wie ein Billardtisch, und dann beginnen die

Skier plötzlich zu laufen, ohne Grund und ohne Warnung, und du liegst auf dem Rücken und schaust in den Himmel. Wer sehr viel Wert auf Würde legt, sollte es deshalb eher mit norwegischen Schneeschuhen versuchen.

Wenn du denkst, dass du jetzt dann gleich stürzt, bleibst du oben. Und wenn du dich absolut sicher fühlst, liegst du im nächsten Moment im Schnee. Wenn du im Zickzack einen eisig gefrorenen Steilhang aufsteigst, der eine Steigung von 75 Prozent hat, und du musst die Skier seitlich in den Schnee hauen, und du denkst, wenn sich jetzt nur schon eine Mücke auf mich setzen will, wird mich ihr Gewicht hinabstürzen lassen – dann passiert nichts, und du kommst sicher oben an.

All das ist in den frühen Phasen des Skifahrens. Du lernst, geradeaus zu gehen, im Zickzack oder wie ein Krebs den Hang hinaufzugehen. Du lernst, wieder herunterzugleiten, ohne das Gleichgewicht zu verlieren, und vor allem lernst du, mit Leichtigkeit zu wenden. Deine Freunde denken, wenn sie dich das erste Mal wenden sehen, das sei zu deinem Spaß. Die langen Skier, die in der Luft herumfuchteln – das sieht wirklich komisch aus, wie ein ausgelassener Negertanz. Aber diese Art des Wendens muss man unbedingt beherrschen. Nur so ist es möglich, an einem steilen Hang zu wenden, ohne abzurutschen.

Vorausgesetzt, dass ein Mann Ausdauer und einen Monat Zeit hat, um diese Anfangsschwierigkeiten zu meistern, wird er bald merken, dass Skifähren ein ganz einzigartiger Sport ist. Das haben noch nicht viele erkannt, aber ich denke, dass eine Zeit kommen wird, in der Hunderte von Engländern in der Skisaison im März und im April in die

Schweizer Berge kommen werden. Ich denke, ich kann für mich beanspruchen, dass ich (außer zwei Schweizern) der Erste bin, der auf Skiern in den Bergen war. Aber ich bin sicher, dass Tausende mir folgen werden.

Tatsächlich ist es im Winter leichter als im Sommer, einen normalen Berggipfel zu besteigen oder einen der höheren Pässe zu überqueren, wenn das Wetter anständig ist. Im Sommer muss man nicht nur hinauf-, sondern auch wieder hinunterklettern, was ebenso ermüdend ist. Im Winter ist die Mühe nur halb so groß, weil du mit den Skiern hinunterfahren kannst. Wenn der Schnee einigermaßen fest ist, ist es auch viel einfacher, im Zickzack mit den Skiern aufzusteigen, als im Sommer in der Hitze über Felsbrocken hinaufzukraxeln. Die Temperatur ist im Winter für Sport viel besser geeignet. Was gibt es Angenehmeres als die kalte, frische Luft der Berge? Natürlich ist eine Brille nötig, um die Augen vor dem grellen Leuchten des Schnees zu schützen.

Unser Vorhaben war es, die Berge im Winter von Davos nach Arosa zu überqueren, über den Furka-Pass, der 9000 Fuß (2440 m) hoch ist. Die Distanz ist in der Luftlinie nur 12 bis 14 Meilen (24 km). Aber diese Überquerung ist bis jetzt erst einmal gemacht worden, im letzten Jahr durch die Gebrüder Branger. Sie haben mich bei meiner Expedition begleitet, und man kann sich als Neuling wie ich keine vertrauenswürdigeren Führer vorstellen als sie. Beide sind Männer mit beträchtlicher Ausdauer, und nicht einmal meine mühsamen Versuche, Deutsch zu sprechen, haben sie außer Atem gebracht.

Wir standen am Morgen vor vier Uhr auf und waren um

halb fünf unterwegs nach dem Dorf Frauenkirch, von wo wir unseren Aufstieg begannen. Ein großer, bleicher Mond stand am violetten Himmel, der mit Sternen übersät war, wie man sie nur in den Tropen oder in den hohen Alpen sehen kann. Um Viertel nach fünf bogen wir von der Straße ab und begannen, uns den Hang hinaufzumühen, abwechselnd über Böschungen von letztjährigem Gras und über Schneefelder. Wir trugen unsere Skier auf den Schultern und die Skischuhe um den Hals. Denn es war besser, zu Fuß zu gehen, dort, wo der Schnee hart war. Und überall dort, wo tagsüber die Sonne draufscheint, war er hart. Manchmal, in einer schattigen Mulde, versanken wir bis zu den Hüften im Schnee. Aber insgesamt war es nicht sehr schwer, und da unser Weg meist durch Fichtenwald führte, wäre es mühselig gewesen, die Skier zu benutzen. Nach halb sechs war dieser lange Anstieg geschafft. Wir kamen aus dem Wald und passierten kurz darauf einen hölzernen Kuhstall. Das sollte das letzte Zeichen der Zivilisation bleiben, bis wir in Arosa ankamen.

Da der Schnee immer noch so hart war, dass unsere Schuhe darauf guten Griff hatten, kamen wir rasch vorwärts über weite, ansteigende Schneefelder. Etwas später stieg die Sonne über die Berge hinter uns und tauchte die Schneefelder vor uns in blendendes Licht.

Wir arbeiteten uns den Hang entlang vor bis zu einer Senke, und als der Berg wieder anstieg, war der Schnee weich wie Pulver und so tief, dass wir mit den Skistöcken den Boden erreichen konnten. Hier endlich zogen wir unsere Skier an und strebten im Zickzack die lange, weiße Flanke des Bergs entlang nach oben. Dort machten wir

Pause. Sie sind nützlich, diese Skier. Wir zogen sie an, als der Schnee wieder hart genug war, um uns zu tragen. Und oben dienten sie uns als komfortable Sitzunterlage, von der aus wir ein ganzes Panorama von Bergen bestaunten. Keine Angst, geschätzter Leser, ich werde sie jetzt nicht aufzählen. Ich habe ihre Namen nämlich alle wieder vergessen.

Der Schnee wurde jetzt unter der Sonneneinstrahlung schnell weich, und ohne unsere Skier wären wir nicht weitergekommen. Wir stiegen an der steilen Talflanke entlang auf, den Furka-Pass ein gutes Stück vor uns erblickend. Der Schneehang hatte hier einen Neigungswinkel von 50 bis 60 Grad, und unter uns ging er in freien Fall über. Ein Sturz oder ein Ausrutscher hätte ernste Folgen gehabt. Auf der halben Meile, die wirklich gefährlich war, gingen meine zwei erfahreneren Begleiter unter mir. Dann kamen wir in einen Abschnitt des Hanges, wo ein Sturz harmlos geblieben wäre. Und nun folgte der vergnügliche Teil des Skilaufens. Bis jetzt waren wir so schnell vorwärts gekommen wie mit Schuhen, aber auf einem Untergrund, auf dem wir mit Schuhen verloren gewesen wären. Doch nun begann ein Vergnügen, wie es nur mit Skiern möglich ist. Das Drittel einer Meile glitten wir über sanfte Hügel, überflogen die Schneefelder, ohne unsere Füße bewegen zu müssen. Eine große, unbetretene Ausweitung des Tales, auf allen Seiten Schneefelder, so weit das Auge reichte. Keine Hinweise auf Leben außer den Spuren von Gämsen und Füchsen. Es war großartig, auf diese leichte Art durch diese Landschaft zu gleiten. Am Ende des Hangs brachte uns ein kurzer Zickzackaufstieg um halb neun auf die Passhöhe. Und nun sahen wir die kleinen Spielzeug-Hotels von

Arosa zwischen den Tannenwäldern, mehrere Tausend Fuß unter uns.

Jetzt konnten wir wieder etwa eine halbe Meile gleiten, die Skistöcke hinter uns herziehend. Ich dachte, wir hätten das Schwierigste hinter uns und könnten uns nun einfach auf unseren Skiern zu unserm Ziel tragen lassen. Aber die schwerste Stelle stand uns noch bevor. Der Hang unter uns wurde steiler und steiler, bis er schließlich in einen Abgrund überging. Nun bewiesen unsere Skier, dass sie zu noch mehr nützlich sind. Die Branger-Brüder waren beide der Ansicht, dass die Stelle zu schwierig war, um sie mit den Skiern an unseren Füßen zu überwinden. Mir schien, dass uns nur ein Fallschirm weiterhelfen könnte. Doch dann tat ich, was meine Begleiter vormachten: Sie zogen die Skier aus, banden sie zusammen und verwandelten sie in einen ziemlich unförmigen Schlitten. Wir setzten uns darauf, bremsten mit den Absätzen unserer Schuhe und mit dem Stock, den wir hinter uns in den Schnee drückten. So nahmen wir das steilste Stück des Abstiegs in Angriff. Ich denke, dass auch meine Begleiter Angst hatten. Aber ich hatte selbst so viele Probleme, dass ich keine Zeit hatte, mich darum zu kümmern. Ich versuchte, einigermaßen die Richtung zu halten, indem ich mit dem Stock steuerte. Ich versuchte, mit meinen Absätzen zu bremsen, doch meine Beine wurden nach hinten gerissen. Und plötzlich schossen meine zwei zusammengebundenen Skier wie ein Pfeil davon, rasten an den beiden Bangers vorbei und verschwanden über die nächste Kante in den Abgrund.

Der Verlust der Skier hätte im oberen Schneefeld, wo der Schnee 20 bis 30 Fuß (5 bis 8 m) tief liegt, gravierende

Folgen gehabt. Aber hier konnte sich der Schnee wegen der Steilheit des Geländes zum Glück nicht auftürmen. So suchte ich meinen Weg abwärts auf meine Art. Mein Schneider sagte mir, dass Harris Tweed sich nicht abnutzen kann, aber im wissenschaftlichen Test zeigte sich, dass seine Theorie nicht stimmt: Er kann die Fetzen seines Anzugs zwischen Furka-Pass und Arosa besichtigen. Ich meinerseits versuchte für den Rest des Tages, mich entlang der Wände zu bewegen …

Wie auch immer, außer dass sich einer der Brangers beim Abstieg das Fußgelenk verstauchte, ging alles gut, und wir kamen in Arosa um halb zwölf an. Damit hatte unsere Tour genau sieben Stunden gedauert. Die Bewohner von Arosa, die uns erwarteten, hatten ausgerechnet, dass wir nicht vor ein Uhr ankommen könnten. Und als sie herauskamen, um uns bei der Abfahrt vom Pass zuzuschauen, hatten wir gerade ein gemütliches Mittagessen im »Seehof« beendet. Ich will ihnen ja ein kleines Amüsement nicht vergönnen, aber ich war trotzdem froh, dass meine Vorstellung schon vorbei war, als sie sich mit ihren Operngläsern bereit machten. Schließlich geht es mindestens so gut ohne Zuschauer, wenn jemand neue Erfahrungen auf Ski zu machen versucht.

MARTIN SUTER
Skiferien in der Business Class

Rettung aus der Bergnot

Komm endlich rein, Fred, du holst dir eine Lungenentzündung«, ruft Fred Försters Frau Jeannette aus dem Doppelbett der Junior Suite. Fred Förster steht im Flanellpyjama auf dem Balkon, dampft dicke Atemwolken in die unbarmherzige Winternacht und evaluiert eine Lungenentzündung gegen keine Lungenentzündung: Sie würde ihn zwar für den Rest der Skiferien aus dem Verkehr ziehen, aber er würde auch für die letzte Verwaltungsratssitzung vor der Generalversammlung ausfallen. Sie würde ihn zwar für kurze Zeit zum thematischen Mittelpunkt der Stammgäste machen, aber er würde sich den Ruf eines gesundheitlich Angeschlagenen einhandeln. Und er würde zwar den blasierten Blicken seiner halbwüchsigen Kinder entgehen, aber er wäre für den Rest seines Lebens gestraft mit Jeannettes Triumph, dass sie ihm *vorausgesagt* habe, dass er sich eine Lungenentzündung holt.

Fred Förster schließt die Evaluation ab mit dem Resultat, dass er sich durch den Rest der sieben schlimmsten Tage im Jahr durchbeißen wird, und kriecht, semifreddo, zu Jeannette ins Doppelbett zurück.

Die Skiferien sind Fred Försters gefürchtetste Tage, weil

sie seine Kräfte jedes Mal in einem aussichtslosen gesellschaftlichen Mehrfrontenkrieg binden:

Die Hotelfront: Förster hat das Bild des gefragten Mannes aufrechtzuerhalten. Er ist der Manager, der sich aus Liebe zu seiner Familie ein paar Ferientage vom Terminkalender abspart. Er befürchtet, dass Jeanette und die Kinder durch Kleidung und Benehmen den Eindruck alten, von Frauenseite eingebrachten Reichtums vermitteln, wenn er nicht Serien von Telefonanrufen während der Mahlzeiten im Speisesaal und Stöße von Faxen im Schlüsselfach organisiert.

Die Heimfront: Innerhalb des Betriebs ist er seinem Ruf als Workaholic verpflichtet: Immer erreichbar, ständig in den Sielen, Achtzigstundensau, also bleich. Außerhalb des Betriebs, in seinen Business-Kreisen, ist er der King of Delegation, der Manager by Relaxation, also braun. Diesem Dilemma begegnet Förster etwas hilflos durch ausgiebige Sonnenbäder mit absurd hohen Schutzfaktoren.

Die Kinderfront: Marc, 17, und Jessica, 16, sind voll integriert in die Clique der Jeunesse dorée der Saison, die sich, angetan mit den neusten Skidresses der obersten Preisklasse, auf neonfarbenen Snowboards angewidert durch die letzte Generation Skifahrer schlängelt und die Mittagsstunden auf überfüllten Sonnenterrassen zubringt, wo sie mit beiläufiger Wohlerzogenheit Spaghetti und Skiwasser konsumiert und mit achtlos in die vielen Taschen gestopften großen Scheinen bezahlt. Die Väter der Freundinnen und Freunde seiner Kinder sind keine Manager. Sie beschäftigen Manager. Aus diesem Grund nehmen Marc und Jessica ihrem Vater jede Art von Geschäftigkeit neben und jede Art von Unbeholfenheit auf der Piste als vorsätzliche gesellschaftliche Bloßstellung nachhaltig und persönlich übel.

Die Ehefront: Jeanette betrachtet die alljährlichen luxuriösen Skiferien jeweils als Test für den Zustand ihrer Beziehung. Den Freitagabend spart sie aus dem überfüllten Gesellschaftsprogramm aus und reserviert ihn nur für sie zwei: nächtliche Schlittenfahrt, Candlelight Dinner, Champagner aufs Zimmer.

Leise kriecht Fred Förster unter der Decke hervor, stellt sich wieder auf den Balkon und atmet die eisige Winterluft.

Häberle inkognito

Das ist das Schöne an einer alten Demokratie, sagt Häberle immer: Wenn der Prinz Charles zum Skilift kommt, muss er hinten anstehen, wie jeder andere auch.

Das gilt auch für Häberle. Da kräht kein Hahn danach, ob es sich bei dem Herrn im mitternachtsblauen Ski-Overall um einen der Vortänzer auf dem Wirtschaftsparkett handelt oder um einen einfachen Prokuristen, der einmal die Luft schnuppern will, mit der sich der internationale Jetset die Lungen füllt.

Häberle findet sich nicht nur ab mit dieser Gleichbehandlung, er genießt sie in vollen Zügen. Wie ein orientalischer Herrscher, der sich verkleidet durch den Souk schleicht, um zu hören, was das einfache Volk über seine Regentschaft sagt. Auch wenn Häberles Regentschaft in der Unial das einfache Volk nicht so direkt bewegt, weil es deren Auswirkungen auf sein Wohlergehen unterschätzt:

Hier, inmitten des volkswirtschaftlich bewussteren Publikums eines Luxuskurorts tarnt er sich vorsorglich mit Mütze und Sonnenbrille.

Häberle hat jetzt die zweite Haarnadelkurve der Skiliftschlange erreicht und wartet geduldig, bis die junge Frau mit dem faustgroßen Silberrucksäckchen seine Ski freigegeben hat. Wenn die wüsste, wem sie da die Hochglanzoberfläche der neuen Ski zerkratzt, denkt er und setzt schon einmal das milde Lächeln auf, mit dem er ihrer Entschuldigung zuvorkommen will. Er bemerkt zu spät, dass ein junger Snowboarder es offenbar als Einladung missverstanden hat, ihn innen zu überholen.

Nun, Häberle ist in den Ferien, er hat keinen Termin in der Bergstation. Er will das schulterzuckend einer wirklich gut aussehenden Frau zu verstehen geben, die das Gedränge in der Kurve an seine Seite gespült hat. Trotz D, F, E und etwas I gelingt es ihm nicht, das Missverständnis aufzuklären, dass er sich mit ihr in der Bergstation verabreden wolle. Sie lässt sich zurückfallen, und Häberle konzentriert sich darauf, vom jungen Snowboarder nicht vollends abgehängt zu werden.

Einen Moment ist er versucht, Sonnenbrille und Mütze kurz abzunehmen und der jungen Frau zu zeigen, mit wem sie eine Skiliftfahrt verpasst. Aber das Risiko, von allen Seiten angequatscht zu werden, ist ihm dann doch zu groß.

Bei der letzten Kurve gelingt es ihm, mit einer etwas rüpelhaften Innenwende den Rückstand zum Snowboarder wettzumachen. Er mustert das Bürschchen durch seine verspiegelte Brille. Sieht aus wie ein Sohn aus Führungskreisen, in denen Häberle zum Tischgespräch gehört. Aber er erspart dem Lümmel den Schock seiner Demaskierung. Als sie beim Einstieg ankommen, überlässt er ihm gar mit einem herablassenden Lächeln den Bügel.

»He! Hopp du!«, schreit ihn da der Skiliftmann an. Häberle hängt sich im letzten Moment neben den Snowboarder, kämpft mit dem Gleichgewicht und verliert es nach fünf Metern. Erst nach zwanzig lässt er los.

Jetzt, ohne Mütze, Ski und Sonnenbrille erkennen ihn doch einige der vorbeifahrenden Skiliftfahrer. Häberle sucht neben der Liftspur seine Sachen zusammen, wie jeder andere auch. Das ist das Schöne an einer alten Demokratie.

Buchser himself

Die ›Bergruhe‹ ist ein alter Kasten voller knarrender Parketts, pfeifender Wasserleitungen, klopfender Radiatoren und rauschender wc-Spülungen. Wenn endlich der Alleinunterhalter in der Halle seine Orgeln abschaltet, hört man die Schritte derer, die ins Bett gehen, und die Taxis derer, die noch nicht genug haben. Und Buchser weiß: Die kommen in ein paar Stunden zurück. Und das nicht leiser.

Nach der dritten praktisch schlaflosen Nacht macht er Martha vor dem Frühstück eine Szene. Auf die Atmosphäre, sagt er, pfeife er. Lieber wohne er in einem schallisolierten Bunker und könne schlafen. Er sei in den Ferien, und für ihn heiße das: sauer verdiente, bitter nötige Erholung. Ruhe brauche er, Rambazamba habe er danach wieder genug.

Martha begleitet ihn nicht zum Frühstück und weigert sich auch, mit ihm langlaufen zu gehen. Aber als Buchser am

Nachmittag zurückkommt, liegt ein Säckchen der Dorfdrogerie mit einer Schachtel Ohropax auf seinem Nachttisch.

Noch nie in seinem Leben habe er Ohropax benützt, mault er. Das dürfe er keinem Menschen erzählen, dass er in der ›Bergruhe‹ mit Ohropax habe schlafen müssen.

Aber als er kurz vor Mitternacht noch immer den Zugaben des Synthesizers (das dritte Mal »Volare«) lauscht und kurz darauf der Zimmernachbar neben ihm ein Bad einlaufen lässt und der Zimmernachbar über ihm seine neuen Skischuhe einläuft, schaltet er die Nachttischlampe an (soll Martha ruhig aufwachen), öffnet die Packung Ohropax, liest die karge Gebrauchsanweisung, knetet zwei passende Kügelchen und stopft sie in die Ohren.

Auf einen Schlag sind die Geräusche ausgeknipst. Buchser löscht das Licht, schließt die Augen und wundert sich, dass er nicht selbst auf die Idee gekommen ist.

Plötzlich hört er ganz in seiner Nähe jemanden atmen. Martha ist es nicht, er kennt ihr Atmen. Es klingt nach einem Mann. Ein etwas heiseres Einatmen, dann nichts, dann ein stoßweises Ausatmen, dann wieder nichts, dann ein gieriges Einatmen, nichts, nichts, dann ein erleichtertes Ausatmen, nichts, ein flaches Hecheln, nichts.

Und dazu das Rauschen. Ein dumpfer, pulsierender Geräuschteppich, wie von einer Großstadt vor einem nicht ganz schalldichten Fenster. Jedes Mal, wenn das Atmen stoppt, schwillt es an. Wispert, klopft, knackt, braust, brodelt, bis es wieder übertönt wird von einer neuen Variante des Luftholens und -ausstoßens seines Mitschläfers.

Buchser zupft die Ohropax aus den Ohren. Sofort werden die Geräusche abgelöst vom Jammern eines Wasserrohrs und vom dumpfen Aufschlag einer kleinen Dachlawine. Er stopft die Wachspfropfen nochmals rein. Da ist es wieder, das Rauschen, Brodeln, Pulsieren, Klopfen, Knacken. Und auch das Einatmen, das Nichts, das Ausatmen, das Nichts.

Plötzlich weiß Buchser, wer das ist, den er da hört: Buchser himself.

Noch zwei Atemzüge, noch einmal das Anschwellen des inneren Rauschens, dann reißt er die Ohropax wieder raus.

Es geht Buchser mit Buchser wie den meisten Leuten: Er hält ihn nicht aus.

Menzis Intimsphäre

Dass Röthlin die Festtage ebenfalls im ›Waldhaus‹ verbringt, ist eine unglaubliche Einmischung in Menzis Privatleben. Dass der sich das überhaupt leisten kann! Menzi wird im neuen Jahr als Erstes seine Lohnpolitik einer kritischen Prüfung unterziehen.

Seit die Kinder aus dem Haus sind, verbringt er die Festtage mit seiner Frau im ›Waldhaus‹. Bisher immer unbehelligt von Untergebenen.

Und jetzt plötzlich Röthlin. Einer aus der Hierarchiestufe, von der man sich gerade mal knapp die Namen merkt, weiß jetzt, wie er in zu engen Langlaufhosen, Adiletten und elektrischen Haaren beim Frühstück aussieht. Und dass er mit dem Orangensaft ein paar Tabletten runterspülen muss. Und wie Brigitte ohne Make-up wirkt.

Und Brigitte nimmt Röthlin natürlich auch noch in Schutz. Er habe das bestimmt nicht absichtlich getan, so kreidebleich wie der geworden sei, als er Menzi im Speisesaal entdeckte.

Umso schlimmer, findet Menzi. Einer, der zu blöd ist zu wissen, wo sein oberster Boss die Weihnachtsferien verbringt, hat in der Firma sowieso nichts verloren.

Schon am zweiten Tag, als er erhitzt aus dem Skiraum in die Lobby kommt und sich auf ein kaltes Bier freut, winkt ihn Brigitte heran, die mit den Röthlins gemütlich in einer Sitzgruppe vor dem Kamin bei Tee und Kuchen sitzt. Sie nötigt ihn, sich dazuzusetzen.

Während der folgenden Tage konzentriert sich Menzi darauf, sich keine Blöße zu geben, denn jeder Einblick in das Privatleben des Vorgesetzten untergräbt dessen Autorität. Er erscheint korrekt gekleidet zum Frühstück und zieht sich danach zum Langlauf um. Er schärft Brigitte ein, ihn hier oben nie, *nie*, Bölleli zu nennen. Und er nimmt den ersten Apéro und den letzten Schlummertrunk im Zimmer zu sich.

Aber je steifer er sich gibt, desto herzlicher wird Brigittes Verhältnis zu den Röthlins. Sie geht so weit, die beiden für Silvester an ihren Tisch einzuladen. Menzi schafft es knapp, ihr das Versprechen abzunehmen, dass sie ihnen um Mitternacht nicht das Du anträgt.

Aber sie begeht ein anderes Sakrileg: Kurz nach Mitternacht leiht sie Röthlin Menzis Handy. Der verschwindet damit zwanzig Minuten, angeblich, um seine Eltern anzurufen.

Als Menzi endlich in der Abgeschiedenheit des Skiraums seinen wichtigsten Neujahrsanruf erledigen kann, ist die Batterie fast leer. Und die Stimme am anderen Ende schmollt: »Warum warst du so komisch, als ich dich vorhin angerufen habe, Honey?«

Fieber im Schnee

Es war eine gute Zeit für Chesa Silvascina. Im übrigen Europa starben die Menschen und litten auf grausamste Weise, aber dort hinauf drangen die Nachrichten wie gedämpft von all dem Schnee, und der neue Gast schien sogleich sehr darauf bedacht, den richtigen Abstand einzuhalten zwischen dem, was er hinter sich gelassen hatte, und dem, was er an dem mit Silberbesteck und alten Bündner Keramiktellern gedeckten Tisch vorfand. Einem Tisch, wo die Augen, die Münder, die glatten geröteten Wangen der Mädchen daran erinnerten, dass das Leben auch aus Schönheit und Leichtigkeit bestand. Aus Staunen, Freude. Und das wollte Frau Arnitz wahrscheinlich, dass nichts die Ruhe störte, zu der sie nach den turbulenten Jahren ihrer zweiten Ehe gefunden hatte, Jahren voller Illusionen und gnadenloser Hiebe, die sie gezeichnet hatten.

Eddy und die Mädchen hatten sich schon seit dem Sommer mit mehreren Flüchtlingen aus den Krieg führenden Ländern angefreundet, jenen reichen Flüchtlingen, die weiter auf der Corviglia und dem Suvretta Ski fahren und heiße Schokolade mit Schlagsahne trinken wollten. Berge von Schlagsahne und Reh mit Preiselbeeren. Doch dieser Gast, der gekommen war, als sei er vom Margna heruntergerollt, machte gewiss nicht den Eindruck, als verfügte er über beträchtliche Renditen, und Frau Arnitz wollte ruhig schlafen. Die Anordnungen der Behörden waren eindeutig, und noch am selben Abend hatte sie mit Margot darüber gesprochen. Sie wollte nicht das gleiche Ende nehmen wie dieser arme Grüninger, der Polizeikommandant von Sankt Gallen, der verurteilt worden war, weil er Flüchtlingen geholfen hatte. Aber alle wussten, wie Margot war, sie scherte sich nicht um Mamignas Sorgen und fand immer alles einfach und leicht und ihre Mutter übertrieben, geradezu melodramatisch. Und um sie zu beruhigen, hatte sie ihr versprochen, diesbezüglich an ihren Bräutigam-Anwärter nach Zürich zu schreiben. In Zürich würde er alle Informationen erhalten können, die er wollte.

Aber Margot hatte weder geschrieben noch sich die Mühe gemacht, irgendetwas zu fragen; und den verfehlten Bräutigam sollte sie nie wiedersehen. Vielleicht hatte sie die Wahrheit schon geahnt, vielleicht wusste sie. Isabellas Brief hatte recht wirr geklungen, es war darin von *einem Gefallen, einem großen Gefallen* die Rede gewesen, und Margot hatte schon immer eine dickköpfige, törichte Zuneigung zu ihrer älteren Schwester gehegt. Und während sie den Gast am ersten Abend ebenso wie Vivia und Marisetta noch gesiezt hatte, sprachen ihn schon am nächsten Tag alle drei mit »du« an und verpassten ihm einen Spitznamen, Franz, nach dem geheimnisvollen Freund aus dem *Grand Meaulnes.* Er schien sehr zufrieden mit dem Zimmer, in das sie ihn einquartiert hatten, und verbrachte den Vormittag auf der gelben Chaiselongue ausgestreckt, Bücher lesend, die er sich im Wohnzimmer holte. Sein Koffer war immer noch nicht angekommen, und er ging jeden Tag zur Poststation hinunter, um nachzufragen, sagte er, dann schrieb er, in sein Zimmer eingeschlossen, lange Briefe, die er sofort einsteckte und die niemand je zu sehen bekam.

Nach einer Woche war Frau Arnitz schon sehr beunruhigt und wollte wissen, wie lange er noch bleibe. Offensichtlich verfügte er weder über Schweizer Franken noch über irgendeine andere Währung außer dem bisschen Kleingeld, das er für Briefmarken brauchte, und abends zog er weiterhin die schwere Tweedjacke an, die Margot ihm von Lula hatte flicken lassen. Aber er war sehr geschickt darin, sich neben Frau Arnitz zu setzen und sie mit seinen Bemerkungen über Bücher oder über die Musik, die im Radio gespielt wurde, zu unterhalten; sie überraschte sich zuweilen dabei, wie sie ihn musterte, wenn er ans Fenster trat und den Mädchen unten zusah, während sie sich fröhlich durcheinanderrufend zum Skifahren fertig machten. Groß und aufrecht stand er da, die Hände in den Taschen, mit dunklen, störrischen Haaren, die ihm lang in den Nacken wuchsen, und sie spürte seine männliche Kraft, etwas, das sie noch immer verwirrte und dem zu widerstehen sie nie gelernt hatte. Ihr gefielen die Form des Kopfes, die Schultern, die Art, wie die Hände in den Taschen den Hosenstoff an den schmalen Hüften ausbeulten. Dann drehte er sich um und setzte sich neben sie, nahm eines der Puzzleteilchen in die Hand und fand blitzschnell die richtige Stelle. Doch auch dies machte er sehr aufmerksam, ohne je überheblich zu wirken; und nur, wenn er merkte, dass Frau Arnitz nicht weiterkam.

Vom ersten Tag an hatten sich die Mädchen in den Kopf gesetzt, ihm das Skifahren beizubringen, doch abgesehen von den kurzen Spaziergängen zur Poststation schien Doktor Colin sich lieber im Haus aufzuhalten, am liebsten in seinem Zimmer mit der gelben Chaiselongue. Zuletzt hatte er sich überreden lassen, hatte einen alten Anorak angezogen, der noch von Alberto stammte, und war ihnen das Tal hinauf gefolgt, das sich zwischen dem Muott'Ota und der Alp Munt erstreckte. Bergauf hielt er sich gut, kam nicht außer Atem, doch als es darum gegangen war abzufahren, war er ständig hingefallen, und Margot hatte sich geduldig immer wieder neben ihn gestellt, um ihm beim Aufstehen zu helfen, wenn er, ein Skistock hier, einer da, im Schnee versank. Und während die anderen vorausfuhren, hatte sie auf ihn gewartet, und sie hatten zusammen über seine Ungeschicklichkeit gescherzt. Doch beim zweiten Mal, als er mitging und die Mädchen bei seinem soundsovielten Sturz in Gelächter ausbrachen, hatte er Margot unfreundlich weggejagt und versucht, allein wieder auf die Füße zu kommen. Anschließend hatte er die Skier ausgezogen und, halb im Schnee versunken, begonnen, die anderen wütend zu beschimpfen; doch vor allem wandte er sich dabei an Margot, schrie sie an, sie sei ein dummes, verwöhntes Gör. Vor Anstrengung rot im Gesicht und über und über voll Schnee, sah er mit den zu Berge stehenden Haaren aus wie eine Vogelscheuche. Margot hatte versucht, ihm zu antworten, aber er hatte sie sofort zum Schweigen gebracht, und ebenso hatte er es mit Eddy gemacht, der Margot zu Hilfe geeilt war. Plötzlich war er wie ausgewechselt, seine Kraft unübersehbar, aber es handelte sich eigentlich nicht um körperliche Kraft, oder jedenfalls nicht nur, sondern vor allem um eine geistige Kraft. Margot hatte beinahe zu weinen angefangen und ihm nachgeschaut, während er davonging und seine Beine bei jedem Schritt tiefer im Schnee versanken, er aber nicht nachgab, hinfiel und immer wieder aufstand, wie gezogen von einer Furie.

Margot hatte ihn schließlich wiedergefunden. Zuerst hatte sie an jenem Vormittag ihrer Wut kurz freien Lauf gelassen, doch dann war sie immer stiller geworden, bis sie irgendwann verkündet hatte, sie wolle umkehren, um ihn zu suchen. Sie hatte Eddy und die Mädchen abfahrtsbereit oben an einem neuen Hang stehen gelassen, während die Sonne herunterbrannte und der Margna spitz in den Himmel ragte, die Luft so klar, dass man die Spuren der kleinen kaskadenartigen Lawinen sah. Seit Wochen hatten sie auf so einen Tag gewartet, an dem der Pulverschnee leicht vor den Skiern aufwirbelt und sich die Schatten kaum zartblau abzeichnen. »Was machst du, lass ihn doch«, hatte Eddy ihr hinterhergerufen, »den kann keiner aufhalten, er hat sieben Leben wie die Katzen! ...« Doch Margot hatte den Kopf geschüttelt, und Vivia und Marisetta hatten sie hinunterfahren und dann immer kleiner werden sehen, während die Luft an ihrer blauen Hose zerrte.

Sie hatte ihn in einer Hütte auf halbem Weg gefunden, einer dieser Holzkonstruktionen mit rauchendem Kamin. Sofort hatte sie die Skier erkannt, die an dem Ständer vor der Tür lehnten, und plötzlich hatte sie eine Schwäche in den Beinen gespürt, den Fingern gelang es kaum, die Skistöcke neben den seinen abzustellen, und sie verfingen sich in den Schlaufen. Dieses Glücksgefühl war es gewesen, ein inneres Zittern und zugleich Jubeln, das sie plötzlich hatte ermessen lassen, wie nahe ihr der Mann in wenigen Tagen gekommen war. Wie viel Raum er schon in ihr einnahm, sie hätte nie geglaubt, dass sie jemand so viel Raum zugestehen könnte.

»Nenn mich nicht Franz«, hatte er sie sofort angeherrscht, »ich hasse Spitznamen, und noch dazu so einen.« Denn das war das erste Wort, das Margot gesagt hatte, als sie ihn am Tisch sitzen sah, ein *Franz*, das gleichzeitig ein Seufzer der Erleichterung und der Freude gewesen war. Es war ihr ganz natürlich erschienen, ihn so zu nennen und auf ihn zuzugehen. Jetzt war sie wieder erstarrt, die Wangenknochen traten hart hervor in dem sonnengebräunten Gesicht, die vom hell glitzernden Schnee noch geblendeten Augen waren zwischen den Wimpern zusammengekniffen. Wieder kamen ihr die Tränen. *Franz*, oder wie zum Teufel sie ihn sonst nennen sollte, sah sie an: Und plötzlich machte er ihr neben sich auf der Bank Platz, als hätte er nur auf sie gewartet, und nervös versanken seine Hände in dem Stoff, als er den alten Anorak beiseiteschob. Einen Augenblick lang war Margot auf der anderen Seite des Tisches stehen geblieben, die Sonnenbrille auf die Skimütze geschoben, das feste Mädchengesicht mit dem kleinen runden Kinn von der Kälte gerötet. Sie sah alles an ihm, das Gedächtnis speicherte jedes Detail, doch gleichzeitig stand sie wie blind vor der Wirklichkeit jenes Gesichts, sie schien ihr zu entgehen und sich zu verlieren in dem, was sie umgab (der Geruch von gebratenem Fett, die rauen Bretter der Tischplatte, das leere Glas, in dem vermutlich nur Wasser gewesen war). Dann hatte sie sich neben ihn gesetzt, und ihre Hände hatten sich sofort zu einem Knäuel von Fingern verflochten. Seine trugen Spuren des furchtbaren Sturzes am Murettopass, Margot konnte die harten, rauen Narben mit den Fingerspitzen fühlen, während das innere Zittern sich langsam legte.

In jener Hütte, auf jener Bank hatte er ihr dann von dem ersten missglückten Versuch im Oktober 1943 erzählt, über die Alpen von Hochsavoyen in die Schweiz zu gelangen. Als man ihn an der Grenze zurückgewiesen hatte mit der Bemerkung: *Les réfugiés raciaux ne sont pas des réfugiés politiques* – rassische Flüchtlinge sind keine politischen Flüchtlinge. Und er in der Nacht, um nicht den französischen Grenzern übergeben zu werden, abgehauen war, um den ganzen entsetzlichen Weg wieder zurückzugehen. Er hatte gedacht, er würde sterben. Sterben vor Müdigkeit, am Grund einer Schlucht oder zerschmettert zwischen Felsen.

Margot hatte zwei Teller Gerstensuppe bestellt, für jeden einen, und streichelte beim Zuhören leise seine Finger. Durch das Fenster sah man den Schnee und die Spitzen der Skier, die sich in das Blau des Himmels bohrten. »Und dann? Erzähl weiter …« Sie hatte die Mütze abgenommen, und die zerzausten Haare ließen sie kaum älter aussehen als ein Kind. »Erzähl weiter«, hatte sie wiederholt. Doch er war stumm geblieben: Plötzlich wurden der Buet, der Col de Vieux und der Diosaz zu einem *Ort, den es nicht gab,* zu einer reinen Erfindung, vor dieser Gerstensuppe, auf der kleine Speckstückchen schwammen, dem Löffel, der sich vom Teller zu dem von der Brühe feuchten, im Zuhören leicht geöffneten Mund bewegte, den eindringlich auf ihn gerichteten Augen, den von der Kälte geröteten Wangen. »Dann bin ich nach Italien zurückgegangen«, hatte er rasch gesagt, »der Pfarrer eines kleinen Dorfs in den französischen Alpen hat mir geholfen, er hat mir die Ausrüstung besorgt, damit ich mich einer Gruppe von Seminaristen anschließen konnte, die über die Alpen ins Piemont zurückkehrte«, er hatte ihr Gesicht in die Hände genommen, um es dem seinen anzunähern, »lauter junge Burschen, die mit Schnee geboren und aufgewachsen waren, während ich zum ersten Mal auf Skiern stand …«, jetzt war es, als berührten sich ihre Augen, »und dann willst du, dass ich mich amüsiere mit diesen beiden Holzbrettern an den Füßen?« Er hatte sie an sich gedrückt, und sie hatte die raue, kratzende Wolle des Pullovers an ihrer Wange gespürt.

Danach hatte er nicht mehr über sich reden wollen. Auch nicht über den August 1942, als er vor dem Hotel Bompard in Marseille gestanden hatte, während die französische Polizei die Frauen und Kinder heraustrieb, die dort eingesperrt waren, um sie nach Les Milles zu deportieren.

Sie hatten sich im Chalet geliebt, und der Himmel hatte sich kobaltblau rund um den ersten Stern von dem kleinen Viereck des Fensters entfernt, der auf dem Fensterbrett klebende Schnee war grau und stumpf geworden. Vom Begehren überwältigt, waren sie heftig übereinander hergefallen, ohne Zärtlichkeit. Danach hatte Margot gezittert wegen der Kälte und der Erschütterung ihres Körpers, Albertos alten Anorak unter dem Kopf zusammengeknüllt. Und als die Stimmen von Marisetta und Vivia durch die glasklare Luft drangen, um dann in einem undeutlichen Murmeln

zwischen den Bäumen zu verklingen, hatte sie sich eilig angezogen und sie erreicht, als die beiden gerade, die Skier auf
der Schulter, am Haus angekommen waren. Nun fröstelte
sie, als hätte sie Fieber.

Mit Vater auf der Loipe

Anfang Dezember, drei Tage vor meinem Geburtstag und zwei Tage, bevor Mutter nach Hause kam, saß ich kackend auf der Toilette, als auf das vertraute Geräusch von Vaters Auto, das in die Einfahrt fuhr und dort parkte, nicht das ebenso vertraute Geräusch der Tür folgte, die sich öffnete und schloss, sondern das Schrillen der Türklingel.

Was war denn jetzt los?

Ich beeilte mich, mir den Po abzuputzen, riss an der Schnur, zog die Hose hoch, öffnete das Fenster über der Badewanne und schob den Kopf hinaus.

Unter mir stand Vater und hatte einen neuen Anorak an. Seine Beine steckten in einer Kniebundhose und langen blauen Strümpfen, und an den Füßen trug er blau-weiße Skischuhe, alles ebenfalls neu.

»Nun komm schon!«, rief er. »Wir wollen Ski laufen fahren!«

Ich zog mich blitzschnell an und ging vors Haus, wo er damit beschäftigt war, meine Skier und Skistöcke neben einem Paar nagelneuer, langer Splitkein-Holzskier auf dem Dachgepäckträger festzuzurren.

»Du hast dir Skier gekauft?«, fragte ich.

»Ja«, antwortete er. »Toll, nicht? Jetzt können wir zusammen Ski laufen gehen.«

»Stimmt«, sagte ich. »Und wo fahren wir hin?«

»Wir fahren zur Seeseite«, meinte er. »Nach Hove.«

»Gibt es da Loipen?«

»Allerdings!«, sagte er. »Da draußen gibt es die schönsten Loipen überhaupt.«

Das bezweifelte ich zwar sehr, sagte aber nichts, sondern setzte mich neben Vater, der in seinen neuen Kleidern ganz fremd wirkte, und wir fuhren nach Hove hinaus. Bis er den Wagen abstellte und ausstieg, schwiegen wir.

»Da wären wir!«, meinte er.

Er war durch das eigentliche Lager gefahren, das aus einer Menge roter Häuser und Baracken bestand, die noch aus der Kriegszeit stammten und sicher von den Deutschen gebaut worden waren, genau wie das Schießfeld, über das ich gerüchteweise gehört hatte, es sei einmal ein Flugplatz gewesen, und die Artilleriestellungen aus Beton, die auf den Felsen und Geröllufern ungefähr auf Höhe des Waldrands standen, und die flachen, verlockenden Bunker im Wald, an denen wir immer spielten, wenn wir am Nachmittag des Nationalfeiertags am 17. Mai hier draußen waren, sowohl auf dem Dach als auch in den Räumen; an alledem war er vorbeigefahren und danach in einen schmalen Waldweg eingebogen, der an einer kleinen Sandgrube endete, wo er parkte.

Als er die Skier vom Dach heruntergehoben hatte, kam er mit einem kleinen Wachskoffer zu mir, den er offenbar auch gekauft hatte, und wir wachsten unsere Skier mit blauem Swix, denn nachdem er den Text auf der Rückseite einer der Tuben gelesen hatte, meinte er, das dürfte am besten geeignet sein. Er brauchte etwas länger, um die Skier anzuziehen als ich, schien die Bindungen nicht gewöhnt zu sein. Danach steckte er die Hände durch die Schlaufen der Stöcke, tat dies jedoch nicht von unten, damit die Schlaufe nicht von selbst abglitt, wenn man den Stock nicht festhalten konnte. Nein, er führte die Hände von oben hinein.

So hielten kleine Kinder sie, die es nicht besser wussten!

Es tat weh, dies zu beobachten, aber ich konnte natürlich nichts sagen. Stattdessen zog ich meine Hände heraus und schob sie wieder hinein, damit er, wenn er darauf achtete, beobachten konnte, wie man es richtig machte.

Er sah mich jedoch nicht an, sondern blickte zu dem kleinen Höhenzug über der Sandgrube hinauf.

»Dann wollen wir mal!«, sagte er.

Obwohl ich ihn nie zuvor auf Skiern gesehen hatte, hätte ich mir selbst in meinen wüstesten Fantasien nicht vorstellen können, dass er nicht Ski laufen konnte. Aber er konnte es wirklich nicht. Er ließ die Skier nicht gleiten, sondern ging so wie sonst auch, wenn er zu Fuß unterwegs war, mit kurzen, stapfenden Schritten, die noch dazu wacklig waren, denn von Zeit zu Zeit erstarrte er und musste den Skistock in die Erde bohren, um nicht hinzufallen.

Ich dachte, dass er vielleicht nur am Anfang solche Schwierigkeiten haben und schon bald seinen Rhythmus finden und so laufen würde, wie man es machen sollte, also in der Loipe gleitend. Als wir jedoch auf den Höhenzug hinaufkamen, von dem aus man zwischen den Bäumen das Meer sah, grau mit schäumend weißen Wellenkämmen, und wir weiter der Spur folgten, machte er im gleichen Stil weiter.

Ab und zu drehte er sich zu mir um und lächelte mich an.

Er tat mir so leid, dass ich am liebsten laut geschrien hätte.

Armer Papa, armer, armer Papa.

Gleichzeitig schämte ich mich aber auch, mein eigener Vater konnte nicht Ski laufen, und deshalb blieb ich immer ein paar Meter hinter ihm, damit eventuell vorbeikommende Langläufer mich nicht mit ihm in Verbindung brachten. Er war nur irgendein Mann, der zufällig vor mir lief, ein Tourist, ich war alleine unterwegs, ein Einheimischer, der Ski laufen konnte.

Die Loipe führte wieder in den Wald, aber auch wenn der Anblick des Meeres verschwand, hing sein Rauschen doch mal lauter und dann wieder leiser zwischen den Bäumen, und der Geruch von Salzwasser und moderndem Tang war allgegenwärtig und vermischte sich mit den anderen winterlich schwachen Gerüchen des Waldes, von denen die seltsame Kombination des Schnees aus Rauem und Sanftem am markantesten war.

Er blieb stehen und stützte sich auf seine Stöcke. Ich stellte mich neben ihn. Am Horizont glitt ein Schiff vorbei. Der Himmel über uns war hell und grau. Ein bleiches, graugelbes Feld über den beiden Leuchttürmen draußen auf Torungen enthüllte, wo sich die Sonne befand.

Er sah mich an. »Laufen deine Skier gut?«, fragte er.

»Ziemlich«, antwortete ich. »Und deine?«

»Allerdings«, sagte er. »Wollen wir weiter? Bald müssen wir kehrtmachen. Wir müssen ja auch noch kochen. Also dann, lauf los!«

»Willst du nicht vorlaufen?«

»Nein, nach dir. Ich folge dir.«

Die neue Reihenfolge stülpte in meinem Kopf alles um. Wenn er hinter mir lief, würde er natürlich sehen, wie ich, der ich Ski laufen konnte, es machte, und begreifen, wie hilflos sein eigener Laufstil war. Jeden einzelnen Einsatz meiner Stöcke sah ich mit seinen Augen. Sie schnitten wie Messer durch mein Bewusstsein. Nach wenigen Metern lief ich bereits langsamer und abgehackter, ganz ähnlich wie er, nur nicht ganz so hilflos, denn sonst würde ihm klar werden, was ich da trieb, und das wäre noch schlimmer gewesen. Langsam und weiß schäumend schlug unter uns die Brandung auf das Geröllufer. An manchen Stellen wirbelte der Wind Schnee von den Steinen auf. Eine Möwe schwebte davon, ohne ihre Flügel zu bewegen. Wir näherten uns dem Auto, und am letzten kleinen Hügel hatte ich eine Idee, wechselte den Rhythmus, lief ein paar Meter so schnell ich konnte, tat dann aber, als würde ich das Gleichgewicht verlieren, und warf mich neben der Loipe in den Schnee. Anschließend rappelte ich mich rasch wieder auf und bürstete den Schnee von meiner Hose, als er an mir vorbeilief.

»Es kommt darauf an, auf den Beinen zu bleiben«, sagte er.

Auf dem Heimweg schwiegen wir, und ich war erleichtert, als wir endlich vor dem Haus in die Einfahrt bogen und unser Skiausflug definitiv vorbei war.

Wintertage in Graubünden

Von Klosters aus stieg ich an einem sonnenklaren, kalten Morgen die verschneiten Gassen und Matten hinan. Die Gipfel sprangen, einer nach dem anderen, ins milde Goldlicht des aufsteigenden Tages und lachten rosig in der milchig-sanften Himmelsbläue. Im Dorf war wenig Leben, die Engländer schliefen noch im Grand Hotel, die Kinder waren in der Schule; man sah nur da und dort einen Bauern mit Schlitten und Kuhgespann bergaufwärts fahren, um aus den hochgelegenen braunen Holzschuppen Heu zu holen, oder einen anderen, der ins Holz ging und seinen schweren Handschlitten an den hohen Hörnern nachschleppte. Sonst kein Leben und kein Ton als das Knirschen meiner Sohlen auf dem gefrorenen Schnee und weit unten im Tal das kaum hörbare, entfernte Schnauben der Davos-Landquarter-Eisenbahn.

Langsam kam ich empor, über das Dorf hinaus und der Sonnengrenze näher, die mir unmerklich entgegenkam und nach der ich allmählich sehnlich begehrte, da mir Ohren und Hände steif und rot gefroren waren und wehtaten. Der Weg war, obwohl nicht gepfadet, angenehm und wenig anstrengend, da der harte Schnee mich bequem trug und doch so viel nachgab, dass ich sicher und ohne Gleiten direkt aufwärts steigen konnte. Zwei Raubvögel, vermutlich

Turmfalken, kreisten hoch und feierlich umeinander, sonst war außer mir nichts Lebendiges mehr am Berge sichtbar.

Aufatmend erreichte ich die höheren, von der Sonne beschienenen Schneematten. Hier herrschte kein Frost mehr, während ich noch vor einer Stunde in einer Kälte von zwölf Grad gegangen war. Aber nach kurzer Zeit war die Blendung so stark, dass ich die Schneebrille aufsetzen musste. Über die steil geneigten, von der leuchtenden Schneedecke weich abgerundeten Hänge flutete das Licht des jungen Tages diamanten und festlich, spielte in jähen Irisfarben, lachte eisig und unerträglich auf glatten Flächen, füllte Mulden und Hangränder mit zarten, schön blauen Schatten. Reif und Eis schmolzen mir vom Schnurrbart, die Luft begann sich leise zu erwärmen, und ich hielt eine erste kurze Rast, um diese Herrlichkeit zu begrüßen und die beginnenden Freuden der Wintersonne vorauszukosten.

Denn es gibt in der weiten Welt nichts Wunderbareres, Edleres und Schöneres als die Hochgebirgssonne im Winter. Von Schnee und Eis und Stein zurückgeworfen, spielt Licht und Wärme schwelgerisch in den unbeschreiblich durchsichtigen winterklaren Lüften – ein Licht und ein Strahlen feiner, zarter, trockener Wärme, von dem das Tiefland auch an den glänzendsten Tagen keine Ahnung hat.

Der lichte Himmel nahm allmählich tiefe Farben an, von Gipfel zu Gipfel gespannt, ruhte er tief und strahlend ohne jeden kleinsten Dunst, blau bis zur Farbe der Veilchen. Zugleich nahm die Wärme zu, und ich rastete oft auf dem Schnee, um nicht in Schweiß zu kommen. Den Rock trug ich längst überm Arm und die Handschuhe in der Tasche. Hinter den obersten einsamen Heuhütten begann Tannenwald, und hinter dem Tannenwald stiegen unzugänglich senkrechte Steinwände in den Himmel mit fast gewaltsam scharfen, grellen Umrissen. Rückwärts übersah ich nun das tiefe und weite Tal, ungezählte Gipfel, berühmte und namenlose, und im Schnee verlorne winzige Dörfer, ganz unten die dunkel fließende Landquart. Inzwischen hatte ich die Mütze abgelegt und das Hemd aufgeknöpft. Dann suchte ich mir zwischen Wald und Felsen einen geschützten Ort, wo verdorrtes Moos und Heidekraut schneefrei und trocken in der Sonne bräunte. Dort legte ich mich hin, aß ein Stück Schokolade und ruhte gründlich aus.

Ich lag wie im Sommer, fühlte die Dezembersonne auf Nacken und Arme brennen und dachte mit Behagen an meine Heimat am Bodensee, wo jetzt feuchte Kühle und Nebel herrschten. Dann begann ich mir Hände und Arme mit Schnee zu waschen. Und da dies köstlich wohltat, warf ich eilig Schuhe und Strümpfe und alle Kleider ab, tat einen Freudenschrei und badete mich erschauernd im körnigen Schnee. Als ich wieder in den Kleidern war und in der Sonne lag, fühlte ich unter der erfrischten Haut mein Blut wohliger und wärmer und lebendiger kreisen als je nach dem raffiniertesten Dampfbad.

Einen Teil des Rückwegs konnte ich, auf meiner Lodenjacke sitzend, über den Schnee abrutschen, den Rest legte ich zu Fuß zurück und kam gerade zur rechten Zeit nach Klosters, um bei einem guten Mittagessen meinen inzwischen scharf gewordenen Hunger zu stillen.

Allein unterwegs im Himmelsgebirge

Am nächsten Morgen ziehe ich aus, von Matkerim begleitet. Er scheint die Ehre durchaus nicht zu schätzen, die ich ihm antue, indem ich ihm die klebrigen Skier anvertraue, die er quer über den Sattel legt.

Nachdem wir das klare Wasser des Narin überschritten haben, erreichen wir die Seitenmoräne zur Rechten, auf der wir so hoch wie möglich ansteigen. Hie und da sieht man die gegabelte Spur von Steinböcken. Dann macht der Kirgise mit den Pferden wieder kehrt, um sie auf die Weide zu führen.

»Hole mich am Abend wieder ab«, sage ich zu ihm.

Ich hacke mir ein paar Stufen in die glatte Fläche des Gletschers; das Übrige ist dann leicht und die Steigung kaum merklich. Ich gehe auf meinen Skiern über den noch gefrorenen Schnee auf die Hauptmoräne zu. Plötzlich sehe ich gradeaus vor mir einen schwarzen Punkt sich durch das Weiß bewegen. Das kann nur ein Bär sein! Was tut man in so einem Fall? Habe ich nicht Abenteuerbücher genug gelesen, um Bescheid zu wissen? Wenn es ein asiatischer Hund ist, kauert man sich selbstverständlich nieder. Bei einem Bären muss man sich ja doch wohl hinlegen und sich tot stellen? Der Schreck wiederholt sich mehrere Male; jedes Mal klopft mir das Herz bis in den Hals, und jedes Mal ist es nur ein vereinzelter Felsbrocken, der von Weitem wie ein Tier ausschaut …

Zwei Stunden steige ich schon mit raschen Schritten. Der Gletscher biegt jetzt nach links und wird steiler; vor mir ragen die Firnblöcke, die die Stirn des Sari Tor bilden, riesige Wand, mit Neuschnee bepudert, den der Wind auf dem Grat emporwirbelt.

Die Geröllhänge in der Nähe sind nicht tief genug verschneit für meine Skier. Ich wende mich also dem oberen Teil des langen, einförmigen Gletschers zu, der mich an Trélatête erinnert und zu einem wahren Dampfbad wird, sowie die Sonne herauskommt.

Ich stoße auf die tiefen Spuren, die meine Kameraden gestern hinterlassen haben, und auch auf die Stelle, wo sie übernachtet haben. Von Zeit zu Zeit verspüre ich das Bedürfnis, stehen zu bleiben und tiefer Atem zu holen. Noch zwei Stunden Anstieg, dann beginnt sich die Aussicht zu weiten, ich bin auf einem Joch angelangt, das sich nach links zu dem Massiv hin erstreckt, das den Petrowgletscher beherrscht. Zur Rechten steigt der Grat an, der zum Sari Tor führt; der Gipfel scheint jetzt ganz nahe; es wäre schade, ihn auszulassen, wo ich jetzt einmal so weit bin!

Eines nur macht mir zu schaffen: der rasende Wind, der eiskalt wird, sowie eine Wolke vorbeizieht. Aber zum Glück kommt die Sonne immer wieder hervor, denn ich kann unmöglich schneller gehen, um mich zu erwärmen, das Atmen fällt mir hier oben zu schwer. Der Wind fegt den Pulverschnee vor sich her und legt an manchen Stellen den darunterliegenden Harsch bloß. Die gefrorenen Spuren meiner Kameraden sind mit grauem Graupel angefüllt.

Ich schnalle einen Ski ab, um die Bindung zu richten, trete gedankenlos mit dem Fuß auf und versinke damit augenblicklich bis an den Schenkel!

Ein neuer Windstoß sticht mir wie mit eisigen Nadeln ins Gesicht. Soll ich umkehren? Nein, es ist sicherlich nur Nebel. Jetzt aufgeben, wo ich so nahe am Ziel bin? Das wäre! Jetzt wird es ja erst richtig interessant.

Ich hatte anderthalb Stunden gerechnet für die Überschreitung dieses Grates, aber er täuscht, da er mehrfach auf und ab verläuft. In diesem tiefen Schnee sind auch meine Stöcke nur lästig; ich habe sie mir aus zweien von den drei Füßen eines Theodolitständers hergerichtet und durch ihre Schraublöcher je eine Schnur als Schlaufe gezogen; aber ich habe sie nicht mit Schneereifen versehen, und sie sinken bei jedem Druck tief ein.

Ich habe noch selten eine so begeisterte Stunde erlebt. Ich sage zu mir selbst: »Ich werde ans Ziel kommen! Es ist schon so gut wie geschafft!« Das Bewusstsein, ganz allein zu sein, verzehnfacht meine Kräfte. Ab und zu halte ich an, um Atem zu schöpfen, zuerst alle zweihundert, dann alle hundert Meter. Ich bin nicht belastet, da ich nur einen Brotbeutel mithabe.

Um die Filmspule meiner Leica zu drehen, muss ich meinen dicken Handschuh ausziehen: Meine Finger bleiben an dem eisig brennenden Metall haften. Mir kommen die Tränen vor Schmerz … und es sind nicht die einzigen, die mich dieser Film kosten soll!

Die Kälte brennt zwischen den Augenbrauen und lähmt sie; dann zieht sie sich an beiden Seiten der völlig gefühllosen Nase herab und macht den Mund steif; von da geht sie auf die Kinnbacken über, deren Muskeln sich zusammenkrampfen und zittern; die Schultern ziehen sich hoch, um den Hals zu schützen. Der übrige Körper wird durch die Bewegung warm gehalten.

Die Berge werden immer niedriger, verwandeln sich in Hügel. Noch eine letzte Anstrengung, nur ein paar Schritte noch ... und ich bin oben, im Windschutz eines Vorsprungs, über dem sich, nur fünfzehn Meter mir zu Häupten, der überhängende Gipfel türmt – eine riesige erstarrte Woge mit umwölktem Kamm. Auf einem Eisblock sitzend, halte ich Ausschau auf das, um dessentwillen ich so hoch heraufgeklettert bin: ein Meer regungsloser, eisumhüllter Gipfel. Im Osten umgibt eine dichte Anhäufung schwarzer Wolken den siebentausenddreihundert Meter hohen Khan Tengri, diesen Riesen, dessen ganzer Südosthang noch »unerforschtes Gebiet« ist – oh, der Zauber in diesen zwei Worten! Im Norden sehe ich in einer Wolkenlücke die nahe Tierskeikette, dahinter eine weite leuchtende Leere und die blassen Umrisse der Kungeikette jenseits des unsichtbaren Sees. Die übrige Aussicht versperrt mir der Vorsprung. Der Sari Tor, bisher nur in »Saginen« gemessen, ist viertausendneunhundertachtzig Meter hoch, und ich nehme mir die Freiheit, ihn für mich als meinen »Fünftausender« zu buchen in der Hoffnung, dass bei den endgültigen Messungen die fehlenden zwanzig Meter noch hinzukommen werden.

Jetzt heißt es so schnell wie möglich wieder hinunter und gegen die Kälte ankämpfen. Den unmöglichen Versuch, den einen Ski abzuschnallen, um ihn von den Schneeklumpen zu befreien, die an ihm pappen, gebe ich auf.

Ich sause hinab, der Wärme zu ... und wie! Die Schnelligkeit ist groß, ich bremse und tauche im nächsten Augenblick kopfüber in die weiße Masse. Dieser tiefe, kalte Schnee ist so leicht, dass ich bei meinen Bemühungen, mich herauszurappeln, das Gefühl habe, gegen Federn anzukämpfen. Ich habe nicht bedacht, dass meine Bindung keineswegs dazu angetan ist, meinen Bewegungen zu gehorchen; ich muss jetzt meine Technik auf »safety first« umstellen. Wenn ich mir einen Fuß breche, wird mich hier sicherlich kein Palasthotelschlitten abholen kommen.

Trotz allem ist diese Abfahrt denkwürdig durch eine Reihe unvergesslicher Schwünge, die ihre Spuren auf diesem Grat zweifellos für alle Zeiten hinterlassen werden!

An einer windgeschützten Stelle unterhalb des Jochs raste ich in der Sonne, um etwas Hammelfett und Schokolade zu mir zu nehmen; das Brot und das Fleisch sind mir zu trocken.

Dann gibt es eine prächtige Abfahrt ohne Zwischenfälle über den oberen Teil des Gletschers; auf dem schweren Pappschnee des unteren Teils komme ich dagegen nur langsam vorwärts. Fünfundvierzig Minuten nach der Abfahrt vom Gipfel sitze ich bereits wieder im Sattel. Die anderen haben, wenn ich mich recht erinnere, für den Aufstieg und Abstieg vierzehn Stunden gebraucht, ich nur etwas über sieben.

»Das ist unmöglich in so kurzer Zeit«, sagt Capa.

Mila wirft mir lachend einen Blick zu und zwinkert nach Capa hinüber. In Capas Gesicht kann man lesen wie in einem offenen Buch. Sie ist enttäuscht, dass sie nun nicht mehr die einzige Frau ist, die den Sari Tor bestiegen hat.

MICHAEL KÖHLMEIER

Der Sieger

Wenn ein Mensch bereit ist zu kämpfen, dann kämpft er auch. Den Erfolg kriegt man zuerst gar nicht richtig mit, weil man sich so sehr auf ihn konzentriert. So war es einmal bei einem Rennen. Da war der Edi Bruggmann. Ich meine, wer war der! Der war niemand. Der hat die Startnummer 38 oder 40 gehabt. Und er fährt herunter. Da ist bei den hinteren Startnummern die Piste immer schneller geworden, es hat eine leichte Wanne gegeben, und da fährt der Bestzeit. Da war ich schon beim Essen. Kommt der Trainer herein und sagt: Du, jetzt ist einer schneller gefahren als du, das war der Edi Bruggmann. Und ich frage: Wer ist der Edi Bruggmann? Von wo ist denn der eigentlich? Habe ich noch nie gehört. Sagt er: Ein Schweizer. Das war hart. Aber es war gerecht. Er hat einen guten Kampf geliefert. Wenn einer besser fährt, dann muss man das anerkennen. Es ist bitter. Aber man spürt etwas Großes in sich wachsen, wenn man zu einem hingeht und sagt: Gratuliere, du warst heute besser als ich. Schlimm ist es nur, wenn man verliert, nicht weil man schlechter gefahren ist als ein anderer, sondern wegen einem Zufall. Ich habe oft darüber nachgedacht, ob man da nicht eine Sonderregelung treffen sollte. Ich weiß nicht, was für eine Sonderregelung, irgendetwas eben. Man müsste grundsätzliche Überlegungen anstellen. Es handelt sich doch um Wettbewerbe. Die Frage lautet doch: Wer ist der Beste? Und nicht: Wer hat am meisten Glück? Sicher ist immer etwas Glück mit dabei, wenn man gewinnt. Das Glück macht mir auch nicht so große Sorgen. Glück soll man haben! Ich wünsche jedem Glück. Aber Pech – wie steht es mit dem Pech? Wie definiert sich Pech eigentlich? Diese Frage stellt sich ja niemand. Aber man sollte sich diese Frage stellen. Diese Frage betrifft ja nicht nur den Sport. Wenn einer bei einem Rennen Pech hat, und er ist eigentlich der Beste, der wird doch niemals gewinnen können. Und das verzerrt den Wettbewerb. Da war der Riesenslalom. Ich wusste, ich war der Beste. Ich hatte schon die Medaille in der Abfahrt. Ich war stark und zuversichtlich. Heute würde man sagen, ich war mental gut drauf. Alles hat gestimmt. Ich war der Beste. Das haben auch alle anderen gewusst. Ich war der Favorit. Ich war besser auf den Riesenslalom trainiert als auf die Abfahrt. Mein schlimmster Feind hätte sagen müssen: Diesmal ja, diesmal bist du der Beste. Und ich hatte Pech. Pech. Eingefädelt. Pech. Nun könnte man sagen: Eingefädelt, das ist nicht Pech, das ist mangelndes Können. Ganz meine Meinung. Bin ich hundertprozentig damit einverstanden. Aber man muss, das gilt für den Schisport genauso wie für alle anderen Bereiche des Lebens, man muss sich jeden Fall genau anschauen, jeden Fall muss man genau untersuchen. Was heißt eingefädelt? Das heißt jedes Mal etwas anderes. Seit dreißig Jahren denke ich immer wieder darüber nach. Ich sehe die Situation noch immer glasklar vor mir. Ich treffe mit der Spitze des rechten Schis genau auf die Torstange. Ich treffe haargenau auf die Mitte. Ich zeichne Ihnen das auf. Sehen Sie: Das ist die Schispitze, und hier ist die Torstange. Ich führe die beiden zusammen. Was geschieht? Die Schispitze wird nach einer Seite ausweichen. Sie kann gar nicht anders. Entweder wird sie nach rechts oder nach links ausweichen. Weicht sie nach links aus, ist alles in Ordnung. Die Torstange fällt um, oder sie fällt sogar nicht einmal um. Wahrscheinlich bewegt sie sich nicht einmal, so knapp wird sie nur berührt. Jeder Zuschauer wird hinterher sagen: Nein, ich habe nichts gesehen, vielleicht hat er die Stange berührt, aber ich habe nichts gesehen. Weicht die Schispitze allerdings nach rechts aus, ist alles verloren. Aus der Traum. Eingefädelt. Disqualifiziert. Wovon hängt es ab? Wer kann das sagen. Vor zehn Jahren noch hat man die Schulter gezuckt und gesagt, das wird man nie herausfinden und es ist doch eigentlich auch egal, warum so eine dumme Schispitze nach links oder nach rechts ausweicht. Oder man hat mich ausgelacht, wenn ich das Thema darauf gebracht habe. Heute ist das anders. Ich habe irgendwann einmal diese Geschichte erzählt, es war in so einer Runde, lauter Kapazitäten, Universitätsprofessoren waren dabei, einer jedenfalls, sehr kluge Leute, wir sind zusammengesessen noch spät in der Nacht, gute Gäste, die jedes Jahr hier sind, sehr hohes Niveau, sehr liebe Gäste, die sich bei mir heimisch fühlen, Freunde eigentlich, seit Jahren feiern wir Weihnachten zusammen, und da kommen wir halt irgendwie darauf zu sprechen, und ich erzähle die Geschichte mit der Schispitze und der Torstange. Und da sagt eben der Universitätsprofessor: Nein, nein, das ist höchst interessant, das ist absolut kein Blödsinn, im Gegenteil, mit solchen Fragen beschäftigt sich die neueste der neuen Wissenschaften. Ich habe natürlich keine Ahnung, bis heute noch nicht viel. Aber ich habe mich erkundigt. Ich habe auch einiges gelesen. Das eine oder andere. Chaostheorie heißt die Wissenschaft, die sich genau mit solchen Fragen beschäftigt. Und jetzt ohne Witz: Da kann herauskommen, wissenschaftlich berechnet, dass der Grund, warum damals meine Schispitze nach rechts und nicht nach links ausgewichen ist, darin liegt, dass sich in China genau in diesem Augenblick ein Schmetterling von einer Blume erhoben hat oder dass im Mittelalter irgendwo in Florenz ein Besen hinter einer Tür umgefallen ist oder dass an genau dieser Stelle der Piste eine Schneeflocke mehr oder weniger gelegen ist. Vor wenigen Jahren noch hätte jeder über solche Gedanken gelacht. Jetzt lachen nur noch die Dummen darüber – sagt ebendieser Universitätsprofessor. Ich hätte damals den Riesenslalom gewinnen können. Das wusste ich, und das weiß ich immer noch. Ich will jetzt nicht sagen, man soll heute meinen Fall wieder aufrollen und die Forschungsergebnisse der Chaostheorie anwenden, um wenigstens zu sagen, mein Nicht-Sieg damals wird aufgehoben, also das Rennen wird rückwirkend annulliert – nein, so weit möchte ich gar nicht gehen. Ich möchte aber anregen, sich zu überlegen, ob man in Zukunft, eben auf der Basis der Forschungsergebnisse der Chaostheorie, zu Sieg und Niederlage noch ein Drittes, nämlich so etwas wie Unentschieden oder Chaotisch oder Schicksal, oder wie das Wort auch immer heißen mag, hinzufügen soll. Denn nur die wenigsten Menschen sind Sieger, und nur die wenigsten sind Verlierer. Die meisten haben einfach nur Pech.

CONRAD FERDINAND MEYER

Die Schlittschuhe

Hör', Ohm! In deiner Trödelkammer hangt
   Ein Schlittschuhpaar, danach mein Herz verlangt!
Von London hast du einst es heimgebracht,
Zwar ist es nicht nach neuster Art gemacht,
Doch damasziert, verteufelt elegant!
Dir rostet ungebraucht es an der Wand,
Du gibst es mir!« Hier, Junge, hast du Geld,
Kauf' dir ein schmuckes Paar, wie dir's gefällt!
»Ach was! Die damaszierten will ich, deine!
Du läufst ja nimmer auf dem Eis, ich meine?«
Der liebe Quälgeist lässt mir keine Ruh,
Er zieht mich der verschollnen Stube zu;
Da lehnen Masken, Klingen kreuz und quer
An Bayles staubbedecktem Diktionär.
Und seine Beute schon erblickt der Knabe
In dunkelm Winkel hinter einer Truhe:
»Da sind sie!« Ich betrachte meine Habe,
Die Jugendschwingen, die gestählten Schuhe.
Mir um die Schläfen zieht ein leiser Traum ...
»Du gibst sie mir!« ... In ihrem blonden Haar,
Dem aufgewehten, wie sie lieblich war,
Der Wangen edel Blass gerötet kaum! ...
In Nebel eingeschleiert lag die Stadt,

Der See, ein Boden, spiegelhell und glatt,
Drauf in die Wette flogen, Gleis an Gleis,
Die Läufer; Wimpel flaggten auf dem Eis …
Sie schwebte still, zuerst umkreist von vielen
Geflügelten wettlaufenden Gespielen –
Dort stürmte wild die purpurne Bacchantin,
Hier maß den Lauf die peinliche Pedantin –
Sie aber wiegte sich mit schlanker Kraft,
Und leichten Fußes, lustig, elfenhaft
Glitt sie dahin, das Eis berührend kaum,
Bis sich die Bahn in einem weiten Raum
Verlor und dann in schmal're Bahnen teilte.
Da lockt' es ihren Fuß in Einsamkeiten,
In blaue Dämmerung hinauszugleiten,
Ins Märchenreich; sie zagte nicht und eilte
Und sah, dass ich an ihrer Seite fuhr,
Nahm meine Hand und eilte rascher nur.
Bald hinter uns verklang der Menge Schall,
Die Wintersonne sank, ein Feuerball;
Doch nicht zu hemmen war das leichte Schweben,
Der sel'ge Reigen, die beschwingte Flucht,
Und warme Kreise zog das rasche Leben
Auf harterstarrter, geisterhafter Bucht.
An uns vorüber schoss der Fackellauf,
Ein glüh Phantom, den grauen See hinauf …
In stiller Luft ein ungewisses Klingen,
Wie Glockenlaut, des Eises surrend Singen …
Ein dumpf Getos, das aus der Tiefe droht –
Sie lauscht, erschrickt, ihr graut, das ist der Tod!
Jäh wendet sie den Lauf, sie strebt zurück,

Ein scheuer Vogel, durch das Abenddunkel,
Dem Lärm entgegen und dem Lichtgefunkel,
Sie löst gemach die Hand … o Märchenglück!
Sie wendet sich von mir und sucht die Stadt,
Dem Kinde gleich, das sich verlaufen hat –
»Ei, Ohm, du träumst? Nicht wahr, du gibst sie mir,
Bevor das Eis geschmolzen?« … Junge, hier.

Ein Wochenende in Aspen

Von Aspen hörte ich zum ersten Mal von meiner Mutter; sie war es, die in mir den Wunsch weckte, das Hotel Jerome zu sehen. Es ist meiner Mutter zu verdanken (oder ihre Schuld), dass ich nach Aspen gefahren bin – und es ist ihr zu verdanken (oder ihre Schuld), dass ich es so lange vor mir hergeschoben habe.

Ich dachte immer, meine Mutter würde das Skifahren mehr lieben als mich. Was wir als Kinder glauben, formt uns; was uns in der Kindheit und Jugend ängstigt, kann uns später auf Abwege führen, aber ich nehme es meiner Mutter nicht übel, dass sie das Skifahren ihre erste Liebe genannt hat. Sie hat ja nicht gelogen.

Meine Mutter war eine hervorragende Skifahrerin, auch wenn sie das selbst nie gesagt hätte. In meiner Kindheit hieß es immer nur, sie habe nie einen Wettkampf gewonnen; deshalb hielt sie ihre Fahrkünste seitdem für »eher mittelprächtig«. Meine Mutter war nicht verbittert, weil es mit dem Profisport nicht geklappt hatte, und arbeitete ihr Leben lang als Skilehrerin; am liebsten unterrichtete sie kleine Kinder und Anfänger. Ich hörte von ihr nie auch nur eine einzige Klage über ihre Körpergröße – von meiner Großmutter und Tante Abigail und Tante Martha, den älteren Schwestern meiner Mutter, dafür umso häufiger.

»Geschwindigkeit hat was mit Masse zu tun«, lautete Tante Abigails abschätziges Urteil. Abigail war eine kräftige Frau, vor allem um die Hüften, und wirkte in Skihose eher schwerfällig denn sportlich.

»Deine Mom war so ein kleines Ding, Adam«, teilte mir Tante Martha voller Verachtung mit. »Als Abfahrtsläuferin muss man mehr wiegen, als sie je auf die Waage gebracht hat. Ray war eindeutig Slalomfahrerin. Sie ist so eine, die mit einer Sache genug hat.«

»Sie war einfach nicht schwer genug!«, verkündete meine Großmutter in regelmäßigen Abständen; bei diesen spontanen Ausbrüchen reckte sie die geballten Fäuste gen Himmel, so als würde sie höhere Mächte dafür verantwortlich machen. Die Brewster-Mädchen, auch meine Mutter, waren bekannt für ihre dramatischen Ausrufe, auch wenn meine Großmutter Mildred Brewster, eine geborene Bates, stets behauptete, dieses Faible fürs Drama sei eher typisch für die Bates als für die Brewsters.

Ich glaubte ihr – bei meinem Großvater Lewis Brewster zeigten sich die Anzeichen für eine dramatische Ader erst spät. Ich wusste, dass er früher Rektor der Phillips Exeter Academy gewesen war, wenn auch nur für kurze Zeit und mit bescheidenem Erfolg. Solange ich Rektor Brewster kannte – so wurde er am liebsten genannt, auch von seinen Enkelkindern –, war er schon im Ruhestand. Als ewiger Emeritus war der ehemalige Schulleiter finster und streng, fast katatonisch, offenbar dazu bestimmt, für immer zu leben. Nur wenig schien ihn zu berühren. Nur höhere Mächte würden ihn ins Grab bringen können.

Mein Großvater sprach nicht, wie er überhaupt selten

etwas tat. Ich dachte immer, Lewis Brewster sei schon als Schuldirektor im Ruhestand zur Welt gekommen. Was auch gesagt wurde, Granddaddy Lew – eine Anrede, die er hasste – reagierte höchstens (wenn überhaupt) mit einem Nicken oder Kopfschütteln. Sich auf Kinder einzulassen, die eigenen inbegriffen, schien unter seiner Würde. War er gereizt, kaute er auf seinem Schnurrbart herum.

Als meine Mutter ihren Eltern mitteilte, sie sei schwanger, war ich logischerweise noch nicht auf der Welt. Noch bevor ich die Geschichte kannte, fragte ich mich, was Rektor Brewster wohl dazu zu sagen gehabt hatte. Ich kam am 18. Dezember 1941 zur Welt – eine Woche vor Weihnachten. Wie meine ledige Mutter nicht müde wurde zu betonen, kam ich zehn Tage zu spät.

*

Meine Mutter war die Art von Kinogängerin, die es nicht lassen konnte, das Aussehen ihrer Bekannten mit dem von Filmstars zu vergleichen. Als der österreichische Skifahrer Toni Sailer bei den Olympischen Spielen 1956 drei Goldmedaillen gewann, sagte sie: »Toni sieht ein wenig aus wie Farley Granger in *Der Fremde im Zug*«, einem Hitchcock-Film, den wir gemeinsam gesehen hatten. Dass meine Mom ein Fan von Hitchcock war, wusste ich, nicht aber, ob sie mit »Toni« Sailer womöglich näher bekannt war.

»Toni ist in Aspen mal beinahe in einen offenen Minenschacht gestürzt!«, verkündete sie auf ihre exaltierte Art mit weit aufgerissenen Augen. Dann ließ sie sich ellenlang über all die Skilifte und neuen Pisten aus, die am Aspen Mountain gebaut und angelegt wurden. Die alten Minenhalden und verlassenen Gebäude würden planiert und abgerissen, sagte sie, aber noch immer gebe es hier und da offene Schächte.

Es ist auch unklar, ob meine Mutter Stein Eriksen, den norwegischen Skifahrer, kannte; ich weiß bis heute nicht, ob sie sich überhaupt je begegnet sind. Die Alpinen Skiweltmeisterschaften 1950 fanden in Aspen statt. »Stein lag nach dem ersten Lauf vorn« war noch längst nicht alles, was meine Mom über ihn zu sagen hatte. Und damit meine ich nicht nur ihre oft demonstrierte Kenntnis seiner berühmten Gegenschulter-Technik.

Nein, als wir uns zum ersten Mal *Mein großer Freund Shane* anschauten – 1953, ich war elf oder zwölf –, sagte meine Mutter, Stein sehe aus wie Van Heflin. »Aber Stein ist attraktiver«, vertraute sie mir an und nahm meine Hand. »Du wirst mal aussehen wie Alan Ladd«, versicherte sie mir flüsternd, denn wir saßen im Kino – im Ioka in Exeter –, und auf der Leinwand nahm die Gewalttätigkeit des Films ihren Lauf.

Ich wies sie später darauf hin, dass Alan Ladd blond sei; ganz gleich, welchem Filmstar ich ähneln würde, wenn ich erwachsen war, ich würde doch sicher meine braunen Haare behalten. »Ich meinte damit, du wirst auf dieselbe Art attraktiv sein wie Alan Ladd – gut aussehend und klein«, erwiderte meine Mom und drückte mir zur Betonung des Wortes klein die Hand.

Meine Tanten und meine Großmutter beklagten, dass meine Mutter nicht schwer genug war, um in einem Skirennen Chancen zu haben, aber ich glaube, sie selbst mochte ihre Körpergröße.

Dass ich ebenfalls klein war, gefiel ihr. In jungen Jahren nahm ich mir also Alan Ladd zum Vorbild, den einsamen, aber romantischen Revolverhelden aus *Shane*, und ich stellte mir vor, ich könnte ein Held werden oder zumindest wie einer aussehen. Gab es in Aspen eine wie auch immer geartete Begegnung zwischen Stein Eriksen und meiner Mom? Hat sie ihm überhaupt auch nur die Hand geschüttelt? Ich weiß, dass sie dort war; sie hat die Busfahrkarten aufgehoben, wenn auch nur für die Strecke von New York nach Denver. Sie war dort, aber sie fuhr nicht mal in die Nähe des Siegertreppchens. Zwei Österreicherinnen, Dagmar Rom und Trude Jochum-Beiser, siegten bei den Frauen. Stein Eriksen, der sich bis dato im internationalen Skizirkus noch keinen Namen gemacht hatte, wurde Dritter im Slalom der Herren. Die Amerikaner gewannen keine Medaille. Dass die Alpinen Skiweltmeisterschaften 1950 in Aspen stattfanden, lässt sich nachprüfen – meine Mutter allerdings war bei diesem Ereignis nicht zum ersten Mal dort.

*

1941 wurden die Amerikanischen Abfahrts- und Slalom-Meisterschaften in Aspen abgehalten. Es war das Wochenende des 8. und 9. März, einen Monat vor dem neunzehnten Geburtstag meiner Mutter. Von dieser Reise hat sie keine Busfahrkarte aufgehoben – wenn es damals überhaupt schon Busse von New York nach Denver gab. Sie sagte, sie sei allein bis nach Denver gekommen; den Rest der Strecke sei sie »bei ein paar Leuten aus Vermont mitgefahren«.

Mitglieder des Mount Mansfield Ski Club vielleicht? Höchstwahrscheinlich Freunde, mit denen sie am Stowe Mountain Ski fuhr. Da hatte meine Mom das College bereits geschmissen, nach nicht mal einem Semester. »Ich habe Bennington ausprobiert«, wie sie es formulierte; sobald Schnee fiel, ging sie lieber Ski fahren.

Von Bennington aus fuhr meine Mutter mit Sicherheit zum nahe gelegenen Bromley Mountain. Dieses Skigebiet hatte 1938 ein Sohn der Brauerei-Dynastie Pabst eröffnet. Als meine Mom dort zum ersten Mal fuhr, dürfte es dort nur eine einzige Piste gegeben haben, an der Westseite des Berges, und ich habe keine Ahnung, was für einen Lift.

»Den ersten Schlepplift haben sie zwischen die Twister- und die East-Meadow-Abfahrt gebaut«, erzählte meine Mutter. Über die Jahre lernte ich wegzuhören, wenn sie ihre Skigebietsstatistiken herunterbetete.

Alle Brewster-Mädchen verbrachten die Sommer im Aloha Camp am Lake Morey in Fairlee, Vermont, angeblich das älteste Mädchencamp im ganzen Bundesstaat. Dort hatte meine Mom sich auch mit Skifahrerinnen aus Stowe angefreundet. Sie schmiss Bennington so schnell wie möglich wieder hin und hielt sich nicht lange in Bromley auf, zumindest nicht damals. Stattdessen verbrachte sie mithilfe ihrer Freundinnen aus dem Aloha Camp das erste Mal die Wintersaison in Stowe. Das blieb in den ganzen Vierzigern und bis in die Fünfziger so. Sie arbeitete im Skigebiet und erkundete den Mount Mansfield. Von da an erklärte sie die Skisaison zu ihrem »Winterjob«. Sowohl vor als auch nach meiner Geburt verbrachte sie die Winter in Stowe. Ich kam mir vor wie eine Skiwaise.

Bis zum Juli 1956, ich war vierzehn, lebte ich bei meiner Großmutter und dem Direx emeritus. Meine wichtigtuerischen Tanten machten ein Riesenaufheben um mich. Ich war ein uneheliches Kind, aber es wurde mit Argusaugen über mich gewacht. Mein Cousin und meine Cousine waren älter als ich, und so bestand kein Mangel an abgelegter Kleidung – hauptsächlich Jungssachen.

Genau genommen war meine Cousine Nora kein Junge. Aber sie war so ein Wildfang, dass sie Jungssachen trug, bis sie in Northfield, Massachusetts, aufs Mädcheninternat geschickt wurde. Mein Cousin Henrik war ein richtiger Junge – und auch ein richtiges Arschloch, wie sich herausstellen sollte. Tante Abigail und Tante Martha hatten zwei Norweger aus dem Norden von New Hampshire geheiratet; meine Onkel Johan und Martin Vinter waren Brüder. Die gesamte Familie Vinter war im Holzgeschäft – bis auf Onkel Johan und Onkel Martin, die in Exeter unterrichteten, was meinen Cousin Henrik zum Lehrerbalg machte, als er selbst dorthin ging. Sobald sie erwachsen waren, begannen Abigail und Martha, sich als Töchter eines ehemaligen Schuldirektors der Academy für die Junggesellen unter der Lehrerschaft zu interessieren.

Johan und Martin Vinter waren Skifahrer. Wie auch nicht? Schließlich bedeutete ihr Name »Winter« auf Norwegisch, und sie waren in North Conway aufgewachsen, wo der Skiort Cranmore Mountain 1937 den Betrieb aufnahm. Die beiden Brüder hatten nicht abgewartet, bis der erste Seillift aufgestellt wurde. Sie spannten sich schon vorher Steigfelle unter ihre Telemarkski, stapften den Berg hinauf und fuhren ab.

Durch die beiden Vinters kamen die Brewster-Mädchen, auch meine Mom, überhaupt erst zum Skifahren. Abigail und Martha und die beiden jungen norwegischen Lehrer nahmen meine Mutter im Boston & Maine mit, dem »Skizug«, wie meine Cousine Nora ihn nannte. An den Winterwochenenden fuhren sie alle zusammen von Exeter nach North Conway, wo sie am Bahnhof von Wagenladungen voller Vinters erwartet wurden. (Meine Mutter nannte die Norwegersippe immer »Wagenladungen voller Winter«.)

Und so kam der Abfahrtsski in die Gemeinde Exeter in der Küstengegend von New Hampshire, wo es gar keine Berge gibt.

Als ich auf die Welt kam, war die Skisaison bereits Moms »Winterjob«. Von meinem vierten Lebensjahr an bekam ich jedes Jahr neue Skier, Stiefel und Stöcke geschenkt. Doch weder die bestmögliche Ausrüstung noch der Privatunterricht durch meine Mutter erzielten den erwünschten Erfolg.

Schon in den frühen, den prägendsten Jahren hatte ich beschlossen, das Skifahren zu hassen. Ich hätte lieber eine Mom gehabt, die daheimblieb, als eine, die jedes Jahr von Mitte November bis Mitte April in den Bergen war. Ich wollte lieber meine Mutter um mich haben, als dass sie mir das Skifahren beibrachte. Und wie sonst hätte ich als Kind und Teenager meinen Standpunkt deutlich machen können? Ich war entschlossen, das Skifahren nicht zu lernen.

Nur, wie hätte ich das als jüngster Spross einer ganzen

Sippe von ausgezeichneten Skifahrern anstellen sollen? Es war unmöglich, es nicht zumindest ein wenig zu lernen. Ich kann also Ski fahren, aber ich schaffte es, schlecht Skifahren zu lernen. Kein Brewster und kein Vinter würde mich als guten Skifahrer bezeichnen. Ich bin ein absichtlich mittelmäßiger Skifahrer.

*

Meine Mutter muss die Sechzehnjährige gekannt haben, die im März 1941 die Landesmeisterschaften der Frauen im Slalom am Aspen Mountain gewann. Marilyn Shaw war rotz ihrer Jugend keine Anfängerin; Stowes »Schneebaby«, wie sie genannt wurde, hatte es als jüngste Abfahrtsläuferin aller Zeiten in die Olympiamannschaft der USA geschafft. Dafür, dass die Olympischen Winterspiele 1940 wegen des Kriegs ausfielen, konnte sie nichts. Meine Mom jedenfalls, die mit Sicherheit in Stowe mit ihr Ski gefahren war, nannte Marilyn nicht beim Vornamen. Sie erwähnte sie nur selten, und wenn, dann nur als »das Shaw-Mädel«.

Beide waren sie Skifahrerinnen aus Vermont; sie mussten sich gekannt haben, und nicht nur vom Mount Mansfield. Meiner Mom zufolge waren sie beide von Sepp Ruschp trainiert worden, einem österreichischen Skilehrer. Meine Mutter verehrte Sepp Ruschp. »Er hat seine Prüfung in Sankt Christoph abgelegt, bei Hannes Schneider«, erklärte sie mir.

»Welche Prüfung?«, fragte ich.

»Das offizielle österreichische Landesskilehrerdings, Adam – sein Skilehrerdiplom!«, rief sie aus.

Wie konnte ich nur die Hannes-Schneider-Sepp-Ruschp-Verbindung vergessen? Den Stemmbogen, den Schwung, der am Arlberg erfunden wurde und der später den Telemarkschwung ablöste! Ich weiß noch, wie meine Mutter wehmütig meinte, auch der Stemmbogen würde eines Tages wieder abgelöst werden, und so kam es auch. Gegen Ende der Sechziger war der Parallelschwung bereits beliebter. Mit meinen altmodischen Stemmbögen würde ich aussehen wie ein Schneepflug beim Wenden, sagte meine Mutter damals. Und ich fuhr zu der Zeit auch wirklich kaum eleganter als ein Schneepflug.

Es waren die Carvingskier, die dem Stemmbogen Ende der Neunziger dann den Rest gaben – zumindest laut meiner Mutter. »Mit den neuen Skiern waren Parallelschwünge ein Kinderspiel«, behauptete sie. »Sogar für dich, Liebling«, fügte sie hinzu und drückte meine Hand.

Natürlich wusste ich, dass der Österreicher Hannes Schneider 1939 nach Cranmore Mountain in New Hampshire gekommen war; und Sepp Ruschp, der bei Schneider gelernt hatte, 1936 nach Mount Mansfield in Vermont. Auch Toni Matt, noch einer von Schneiders früheren Schülern – der Österreicher, der die Gipfelwand der Tuckerman Ravine (den Gletscherkar an der Südostseite des Mount Washington, New Hampshire) bei einer Schussfahrt mit einer Spitzengeschwindigkeit von 140 km/h hinuntergerast war und der 1941 bei den Landesmeisterschaften am Aspen Mountain sowohl die Abfahrt als auch die Kombination gewann –, war 1938 in die USA gezogen.

Doch meine Mom erwähnte Toni Matt nicht groß, wenn es um das Meisterschaftswochenende in Aspen ging. Stattdessen erfuhr ich alles über den »primitiven Boots-Schlepp-lift«; er brachte einen nur ein Viertel der Strecke hinauf. »Den Rest ging man im Treppenschritt«, sagte sie. Es war keine Beschwerde; Mom murrte auch nicht darüber, dass die Sportler beim Präparieren der Piste helfen mussten. »Alle packten mit an«, wie meine Mom es formulierte.

Über Jerome B. Wheeler bekam ich so viel zu hören, dass ich anfangs verwirrt war; ich hielt ihn für einen der Skiprofis. »Armer Jerome«, so begann meine Mutter meistens, wenn sie auf ihn zu sprechen kam. Nach allem, was ich von ihr über Roch Run gehört hatte – die erste Skiroute in Aspen, eine anspruchsvolle Abfahrt, benannt nach dem Schweizer Alpinisten und Lawinenexperten André Roch –, hielt ich den armen Jerome für einen Skifahrer, der am Roch Run gestürzt war und sich schwer verletzt hatte.

Doch meine Mutter meinte »den von Macy's«, wie sie Jerome B. Wheeler auch oft nannte. (»Der von Macy's«, dem berühmten New Yorker Kaufhaus, war dort immer-hin Geschäftsführer.) Jerome B. Wheeler war in den Acht-zigerjahren des 19. Jahrhunderts aus New York nach Aspen gekommen. Er investierte in die Silberminen, gründete Aspens erste Bank und finanzierte das erste Wasserkraft-werk. Zu dieser Zeit fand gerade ein Wettrennen zwischen der Colorado Midland Railroad und der Denver & Rio Grande Western Railroad statt, wer mit seiner Bahnstre-cke als Erstes über die kontinentale Wasserscheide hinweg Aspen erreichen würde. Wheeler steckte 100 000 Dollar in die Colorado Midland. Und als die Blütezeit Aspens be-gann und die Stadt florierte, ließ er ein Opernhaus und das Hotel Jerome bauen.

So wie meine Mom über ihn sprach, hätte man meinen können, sie wäre mit Jerome B. Wheeler auf Du und Du gewesen. »Er war ein Bürgerkriegsheld, musst du wissen, unter Sheridan«, sagte sie. »Jerome war Oberst, wurde aber zum Major degradiert, weil er irgendwelchen dämlichen Befehlen nicht gehorcht hat!«

»Was für Befehlen?«, fragte ich und rang die Hände.

»Keine Ahnung – dämlichen eben!«, verkündete sie. »Der arme Jerome überquerte die feindlichen Linien und rettete ein Regiment der Union – die Männer waren kurz vor dem Verhungern! Lass das Händeringen, Adam, die sind schon klein genug.«

»Armer Jerome«, war alles, was ich sagen konnte.

Sein Hotel erlebte ein paar glorreiche Jahre, doch der Silberboom verpuffte; nach der Abschaffung des Silberdollars und der Wirtschaftskrise von 1893 wurden die Minen stillgelegt. Wheelers Bank musste schließen. 1901 erklärte Jerome B. Wheeler seinen Bankrott; wegen ausstehender Steuern verlor er 1909 das Hotel. Das Wheeler Opera House fing 1912 Feuer. Der arme Jerome starb 1918.

In den »ruhigen Jahren«, als es mit dem großen Hotel bergab ging, wurde ein aus Syrien stammender ehemaliger Handelsreisender Barkeeper im Jerome. 1911 beglich Mansor Elisha die ausstehenden Steuern und erwarb damit das Hotel.

»So ein Jammer!«, rief meine Mom und meinte den armen Jerome und das Schicksal des Hotels. »Es ist zu einer schäbigen Pension verkommen, aber man sieht immer noch, was für ein erstklassiges Hotel es mal war!« Die Syrer, die es übernahmen, seien eine Familie von Heiligen gewesen, erklärte sie; die Elishas hätten die Einheimischen stets willkommen geheißen. »André Roch höchstpersönlich wohnte ganze fünf Wochen im Jerome«, sagte meine Mutter. Das bewies ihrer Meinung nach alles: Wenn der berühmte André Roch dort ganze fünf Wochen gewohnt hatte, dann musste das Hotel Jerome erstklassig gewesen sein.

Als während des Zweiten Weltkriegs die Skitruppen der Tenth Mountain Division nach Aspen kamen, um dort ein Gebirgsmanöver abzuhalten, schliefen die Soldaten im Jerome auf dem Boden. Ich erfuhr erst sehr viel später, dass auch viele Skifahrer aus Stowe sich der Tenth Mountain Division anschlossen. Waren das nicht Männer, die meine Mutter an den Hängen des Mount Mansfield gesehen haben müsste? Vielleicht gehörten auch die »Leute aus Vermont« dazu, die sie 1941 auf ihrem Weg von Denver nach Aspen mitnahmen. Darüber verlor sie nie ein Wort.

Toni Matt war auch bei der Tenth Mountain Division. Er war im Zweiten Weltkrieg Leutnant und auf den Aleuten stationiert. Als er 1941 die beiden Rennen in Aspen gewann, war er nicht verheiratet und nur ein paar Jahre älter als meine Mom; einundzwanzig oder zweiundzwanzig. Ich habe Fotos von Toni Matt; er sieht mir ein wenig ähnlich. Ich finde sogar, ich sehe Toni Matt erheblich ähnlicher als Alan Ladd, aber davon wollte meine Mutter nichts wissen.

»Aber Toni Matt hat dunkle Haare«, erklärte ich ihr, »und sein Gesicht ist runder als das von Alan Ladd, eher so wie meins. Außerdem ist Toni Matts Nase nicht so spitz wie die von Alan Ladd, und seine Augenbrauen sind nicht so buschig, sondern eher so wie meine.«

»Toni Matt sah nie gut aus, nicht wie Alan Ladd; für

mich jedenfalls«, fügte sie noch abschätzig hinzu. »Nicht so wie du, Liebling.«

Als ich wieder einmal mit meiner Mom Toni Matt erörterte, nahm sie nur meine Hand und drückte sie. Dann schaute sie mir fest in die Augen und sagte: »Wenn du Toni Matts Sohn wärst, dann würdest du das Skifahren lieben. Toni ist die Tuckerman Ravine runter«, rief sie mir in Erinnerung. Sie wusste sogar noch die Zeit für das knapp sieben Kilometer lange Rennen vom Gipfel bis zum Fuß der Schlucht. »Sechs Minuten, neunundzwanzig Komma zwei Sekunden«, flüsterte sie und sah mir noch immer in die Augen. »Wenn Toni Matt dein Vater wäre, dann hätte dich niemand von den Skiern fernhalten können. Lass doch mal deine kleinen Hände in Ruhe, Liebling.«

Doch irgendwen musste meine Mom am Wochenende des 8. und 9. März näher kennengelernt haben. An jenem Wochenende, als Marilyn Shaw in Aspen die Landesmeisterschaften der Frauen im Slalom gewann, hat irgendjemand meine Mutter geschwängert. Der arme Jerome war es nicht. Im Jahr 1941 war Jerome B. Wheeler bereits ein Gespenst.

England gegen Kanada
Winterolympiade 1936

Matthias hatte für seine zwei Mark natürlich keine Eintrittskarten bekommen. Und während abends die kanadische und die englische Mannschaft auf Schlittschuhen über die strahlend beleuchtete Eisfläche jagten, während das Publikum vor Begeisterung tobte und schrie, standen draußen vorm Stadion zwei Jungen, froren bis auf die Knochen, kauten trockene Semmeln und lauschten auf den Lärm, der zu ihnen herausdrang.

Matthias war wütend.

»Junge Hunde könnte man kriegen«, knurrte er verbiestert. »Ich werde mal fragen, wie der Kampf steht.« Er stapfte zu dem Pförtner hinüber und erkundigte sich. Dieser Portier war leider ein wortkarger Mann. Das Einzige, was er sagte, war: »Kleine Kinder gehören um diese Zeit ins Bett.«

Matz schaute sich suchend um. »Wo sind denn hier kleine Kinder?« Er warf sich stolz in die Brust und blickte den Mann herausfordernd an. Eigentlich wollte der Portier etwas ziemlich Herzhaftes antworten. Doch er hatte anderes zu tun. Er hob die Hand grüßend zur Mütze und sagte: »Gute Nacht, meine Herrschaften.«

Es kamen nämlich eine alte Dame und ein alter, vornüber

geneigter Herr langsam die Treppe herunter. Der Herr trug zwei dicke Kamelhaardecken. Dann stürzte ein Chauffeur herbei, nahm die Decken und bot der alten Dame hilfreich seinen Arm.

»Es wurde mir zu kalt, Friedrich«, meinte sie.

»Es ist ein besonders strenger Winter, Frau Gräfin«, erwiderte der Chauffeur zuvorkommend.

Matthias zog seine Mütze. »Verzeihung, Frau Gräfin. Können Sie mir sagen, wie das Spiel steht?«

Die alte Dame blickte ihn neugierig an. Dann lächelte sie. »Ich verstehe nicht viel von Sport, mein Junge. Aber ich glaube, jede Mannschaft hat ein Tor geschossen.«

»Donnerwetter noch mal!« Matthias' Augen blitzten. »Diese Engländer! Das ist ja kolossal, Frau Gräfin!«

Mittlerweile war der alte Herr herangekommen. Sie standen vor einem großen, grauen Wagen. Der Chauffeur öffnete den Schlag. Die Gräfin stieg ein, und ihr Mann setzte schon einen Fuß aufs Trittbrett. Da holte Matz sehr tief Atem, und dann sagte er zögernd: »Herr Graf, haben Sie Ihre Eintrittskarten schon weggeworfen?«

Der alte Herr vergaß einzusteigen. »Warum denn?«

»Mein Freund dort drüben und ich, wir haben keinen Platz bekommen. Und wenn Sie Ihre Karten noch nicht fortgeworfen haben, könnten wir uns doch eigentlich auf Ihre Plätze setzen. Nicht? Wir stehen nun schon so lange vorm Stadion!«

Der alte Herr sagte: »Aha!« Dann winkte er dem Portier.

Der kam im Galopp durch den dicken Schnee gefegt. »Bringen Sie die beiden Jungen auf unsere Plätze«, befahl der Graf. »Verstanden?« Dann stieg er ins Auto.

Die Plätze waren Ehrenplätze. In der allerersten Reihe. Direkt hinter dem einen Tor.

Matthias und Uli saßen anfangs völlig verzaubert in den beiden Sesseln und konnten während der ersten Minuten vor lauter Glück überhaupt nichts erkennen. Uli vergaß sogar, dass ihn fror. Vor ihnen auf der von schwarzen Menschenmassen umgebenen Eisfläche jagten die Hockeyspieler auf Schlittschuhen hin und her und schwangen die gebogenen Schlaghölzer. Zwei Spieler prallten gegeneinander. Der eine fiel um und blieb regungslos liegen. Man trug ihn weg. Ein Ersatzmann sprang ein. Der Kampf tobte weiter. Die kleine schwarze Hartgummischeibe sauste übers Eis. Manchmal flog sie hoch durch die Luft. Die Spieler rasten gebückt hinterdrein. Es war ein herrlicher Tumult. Man versäumte beinahe das Atemholen.

Matthias ächzte vor Begeisterung. Plötzlich packte er Uli am Arm und rief: »Das ist er!«

»Wer ist was?«

»Der Engländer, der mit mir boxen wollte!«

Tatsächlich, jener junge Mann, der Matz am Nachmittag die Mütze über die Augen gezogen hatte, war einer der englischen Stürmer. Er ging drauf wie Blücher.

Matz schlug sich begeistert auf die Schenkel. »Mensch, diese Vorlage! Der hat den Bogen raus!«

Auch Uli war hingerissen. Das Klirren und Knirschen der Schlittschuhe, das Gegeneinanderprallen der Stöcke, das wirbelnde Auf und Ab des Kampfes, die spannenden Momente vor den Toren, die stürzenden und sich wieder erhebenden Spieler, das alles war so wunderbar, dass die zwei Jungen auf ihren vornehmen Plätzen nicht wussten, wo ihnen vor lauter Wonne der Kopf stand. Manchmal, wenn der Puck, die kleine schwarze Scheibe, gegen eins der Tore schnellte, warf sich der Tormann darüber. Die Verteidiger und die heranbrausenden Gegner prallten zusammen und stürzten. Der Torhüter schleuderte den Puck in die Mitte der Eisfläche zurück. Die Spieler erhoben sich hastig und flitzten hinter ihm her wie die wilde Jagd. Das Publikum fieberte. Der Lärm drang bis in die fernen Berge und kam als Echo wieder. Trotz aller Aufregungen und Mühen verlief das zweite Drittel torlos. Noch immer stand das Spiel 1:1. Und auch das dritte und letzte Drittel schien ohne entscheidenden Erfolg verlaufen zu wollen.

»Dann kommt eine Verlängerung«, erklärte Matthias. »Unentschieden gibt's nicht!«

»Fein!«, rief Uli. Er hatte knallrote Backen und rutschte in seinem Sessel hin und her, als säße er auf einer glühenden Herdplatte. Die Zeiger der Stadionuhr bewegten sich unaufhaltsam. Und der erbitterte Kampf tobte immer weiter.

»Wie in der *Ilias*«, behauptete Matthias. »Uli, mein Engländer macht einen Durchbruch!« Er sprang vor Erregung auf.

Doch der Durchbruch misslang. Ein Kanadier schob Matthias' Engländer gegen die Bande, dass es nur so krachte. Beide schlugen lang hin. Beide sprangen wieder auf, schwangen ihre Hölzer und rasten davon.

»In einer Minute ist das dritte Drittel zu Ende«, sagte Matz heiser.

»Dann kommt die Verlängerung?«

»Ja.«

»Und wenn's auch dann unentschieden bleibt?«

»Dann gibt's noch eine Verlängerung.«

»Oje«, meinte Uli. »Das kann ja lange dauern!«

In diesem Augenblick schoss einer der Engländer die Scheibe mit voller Wucht gegen das kanadische Tor. Der Torwächter hielt den Schuss. Die Scheibe sprang ins Feld zurück. Matzens Engländer erwischte sie, holte mit dem Schläger aus und knallte die Scheibe ins gegnerische Tor. Drin war sie: 2:1 für England! »Hurra!«, brüllte Matz. Doch er hörte seine eigene Stimme nicht mehr. Der Lärm, der jetzt ausbrach, war unbeschreiblich. Er glich am ehesten einer Dynamitexplosion. Die Kanadier, die unschlagbaren Weltmeister im Eishockey, waren besiegt worden. England hatte sie geschlagen. Das heißt: Matzens Engländer hatte sie geschlagen. Er allein. Jimmy hieß er.

Und »Jimmy!« schrie das ganze Stadion. Man hob Jimmy auf die Schultern.

Matthias sah Uli an, als habe er selber das Tor geschossen. Und Uli fand das völlig in Ordnung.

Sein schlechter Ruf

Heinz wollte sich ein paar Wochen von allen Weibergeschichten gründlich erholen. Heinz hatte ewig Weibergeschichten, denn er war ein Meter dreiundachtzig groß, trug eine Brille und war schüchtern. Selbstverständlich sagten alle, er sei arrogant, und das reizte die Frauen zum Widerspruch. Und diese vielen Widersprüche hatten aus Heinz im Laufe der Jahre einen Wüstling gemacht.

Und jetzt wollte er sich einmal erholen, und so fuhr er auf Wintersport. Auch Lotte fuhr auf Wintersport. Sie hatte sich streng jeden Anstandswauwau verbeten. Die unvernünftigen Eltern wollten lange Zeit nicht einsehen, dass ein junges Mädchen sich selbst der beste Schutz ist, aber dann gaben sie doch endlich nach. Und so trafen sich die beiden, die Lotte und der Heinz. Beim Wintersport. Lotte kannte seinen Namen längst aus Berlin. Natürlich. Bei Gerty hatte sie sein Bild gesehen. Gerty war mal wegen ihm vorübergehend ins Wasser gegangen, und bei Agnes hatte sie seine Briefe gelassen. Und jetzt musste er ihr hier in die Arme laufen. Na, dem wollte sie's zeigen, diesem arroganten Lausbuben. Sie würde ihm nicht hineinfallen, nein, gottlob, sie war hergekommen, um Wintersport zu treiben, um ihre junge Seele und ihren Körper zu stählen und zu stärken und nicht um zu flirten. Und überhaupt, sie wollte sie alle rächen, die Annys, die Agnes', die Gertys, und wie sie eben hießen.

Auch Edith fuhr auf Wintersport. Auch sie kam allein. Aber sie schien jemanden zu erwarten. Sie sah jeder Post mit fieberhafter Spannung entgegen, bekam Telegramme und führte stundenlange Ferngespräche. Bald schien sie unendlich glücklich, bald verzweifelt, manchmal ganz und gar melancholisch und tieftraurig. Kurz, es schwebte so etwas wie ein Geheimnis um diese blonde, sehr schöne Frau. Bei Tisch saß sie neben Lotte, also gerade Heinz gegenüber, den sie weder zu kennen noch zu bemerken schien.

Lotte hatte es Heinz bereits gründlich gezeigt, wie wenig ihr sein arrogantes Benehmen imponieren konnte. Als er noch immer keine Notiz von ihr nahm, hatte sie ihm eines Tages kurz und bündig eröffnet, dass sie sehr viel von ihm wusste, ja vielleicht mehr, als ihm recht sein konnte. Aber er hatte bloß genickt und getan, als ob dies selbstverständlich wäre. Im Übrigen fand Lotte Frau Edith ungeheuer interessant, und wenn sie, Lotte, bloß um ein paar Jahre jünger wäre, würde sie wahrscheinlich für Edith sogar schwärmen. Heinz nannte sie daraufhin ein kleines, liebes Dummchen und gab ihr einen Kuss. Das war nun eigentlich gegen jede Verabredung, denn Lotte hatte doch die anderen rächen wollen. – –

Als Lotte die ganze Nacht von diesem Kuss träumen musste und des Morgens sehr unglücklich erwachte, wurde es ihr mit einem Schlage klar, dass in Heinz ein Dämon steckte, dass er unwiderstehlich war, dass es kein Entrinnen gab, für keine, auch für sie nicht, für die kleine, dumme Lotte. Hier hieß es handeln, und man konnte nur eines machen: Fliehen! Fliehen vor ihm! Denn sonst würde, nein musste sie eines Tages, von einer unwiderstehlichen Macht getrieben, zu ihm gehen und mit der selbstverständlichen, schlichten Größe einer liebenden Frau sagen: Da bin ich! – Das wusste sie jetzt. Und er wusste es sicher schon lange. Also gab es nur eines: Fliehen! Aber nicht wie ein Feigling, nein, offen und ehrlich als besiegter Feind die Niederlage eingestehen und um Schonung bitten. Natürlich schriftlich. Alle Frauen schreiben in solchen Situationen Briefe, besonders wenn sie in Deutsch immer »sehr gut« hatten, wie das bei Lotte der Fall war. Es war nicht anders möglich, so ein rührend einfacher, herzzerreißend aufrichtiger Brief konnte unmöglich seine Wirkung verfehlen.

Heinz saß im Schreibzimmer und langweilte sich tödlich. Die kleine Lotte war nicht zum Abendbrot gekommen, sie war angeblich krank, die illustrierten Blätter waren alle aus dem vorigen Jahrtausend, und kein Mensch kam ins Schreibzimmer, der gleich ihm Sehnsucht nach einem kleinen Flirt oder einer kleinen Tarockpartie hatte. Endlich kam doch einer: Edith. Sie hatte es im Zimmer nicht mehr ausgehalten, sie musste sprechen, egal mit wem. Bloß nicht mehr nachdenken müssen. Und so setzte sie sich zu Heinz und las »Das Leben«. Es dauerte fast eine halbe Stunde, bis es ihr gelang, ein Gespräch einzuleiten. Edith dachte: ›Wie jung er ist – wie entzückend jung – George ist ein Lump – ich will ihn nie wiedersehen.‹ Die Tränen traten ihr in die Augen, und sie senkte den Blick und deutete stumm auf irgendein Bild. Heinz beugte sich pflichtschuldigst darüber, und ihre beiden Köpfe stießen zusammen. »O Pardon«, flüsterte Heinz und rührte sich nicht. ›Wie jung er ist, wie entzückend jung‹, dachte Edith, und sie schloss die Augen, in denen noch immer die Tränen um George standen, und küsste Heinz lang, lang und immer wieder.

Sie küssten sich immer noch, als Lotte die Tür aufmachte, um Heinz einen dicken Brief zu bringen. Einen Moment lang stand sie wie erstarrt, dann ging sie langsam und sehr leise auf ihr Zimmer zurück. Sie setzte sich auf ihr Bett und schüttelte immerfort den Kopf und konnte es einfach nicht fassen. Also auch sie, die Stolze, Unnahbare, Geheimnisvolle. Es war schon so, ein Dämon steckte in ihm, ein furchtbarer, geheimnisvoller Dämon.

Als Heinz spät nachts in sein Zimmer kam, saß ein kleines, sehr verweintes Mädchen auf seinem Bett. Er trat erstaunt näher, und sie stand langsam auf und sagte, die dunklen Augen demütig auf ihn gerichtet, mit der ganzen, selbstverständlichen, schlichten Größe einer liebenden Frau: »Da bin ich!«

Alles fährt Ski

Alles fährt Ski, alles fährt Ski, Ski fährt die ganze Nation.« Dies war der Text eines damals in der Schweiz populären Schlagers, der von Radio Beromünster dauernd wiederholt wurde. Skifahren als staatlich geförderte Ertüchtigung der Jugend. Und tatsächlich, alle sind Ski gefahren oder haben es wenigstens versucht. Auf den alten Skiern von Tanten und Onkeln, auf den sogenannten Bundeslatten, die vom militärischen Vorunterricht zur Verfügung gestellt wurden. Auf mehrfach verleimtem Hickoryholz, wenn man aus einer reichen Familie kam. Ich fuhr auf Eschenbrettern.

Skifahren gehörte zum Unterricht. Von der ersten Bezirksschulklasse an ging es im Februar für eine Woche ins Skilager. Zum Beispiel auf die Frutt im Kanton Obwalden, über 2000 Meter hoch. Eine Woche lang nur Schneefall und Nebel. Stemmbogen am Morgen, Stemmbogen am Nachmittag. Geschlafen haben wir in einer Militärbaracke. Am Morgen Kakao in der tief verschneiten Kantine, zum Mittagessen Maggisuppe, am Abend Spaghetti oder Reis. Wir haben uns wacker geschlagen, obschon wir im Neuschnee fast ertrunken sind.

Meine Mutter hatte dem Leiter, Turnlehrer Wolf, gesagt, dass ich ein Nachtwandler sei. Tatsächlich erwachte ich eines Nachts im Vorraum der Baracke in den Armen des Herrn Wolf, wobei er wohl ebenso erschrak wie ich selbst.

In der ersten Gymnasialklasse waren wir auf dem Stoos bei Schwyz. Nichts mehr von militärischem Vorunterricht, nur strahlende Sonne. Am Abend gingen wir ins Kurhaus, setzten uns an die Bar und tranken ein Glas grasgrünen Pfefferminzlikör. Was erlaubt war, obschon ich mir ungemein verworfen vorkam.

Mit 18, nachdem wir kurz vor Weihnachten meine Mutter beerdigt hatten, fuhr ich über Neujahr wieder auf den Stoos. Greti war auch dabei. Ich hatte auf dem Stoos Kameraden, die eine Skihütte gemietet hatten. Sie bestand aus Küche, Stube und Heulager. Wir hingen von morgens bis abends an den Bügeln und ließen es sausen. Anschließend setzten wir uns in die Alpenrose, wo ein Duett zum Tanz aufspielte.

Es war wie eine Flucht für mich, ein Entkommen aus unserem Trauerhaus in einen Traum hinein, von dem ich wusste, dass er ein Ende nahm, dem ich mich aber trotzdem entschlossen hingab.

Nach dem Studium, als ich in Chur an der Kantonsschule stellvertretender Lehrer war, hatte ich am Nachmittag meist frei. Ich habe mich gleich nach dem Mittag ins Postauto zur Station der Rothorn-Bahn gesetzt. Das Parpaner Rothorn ist nicht ganz 3000 Meter hoch. Ich habe die Abfahrt noch heute genau in der Erinnerung. Erst die Ostflanke hinunter, wo stets Pulverschnee lag. Dann über die Lücke in den Südwesthang hinein, wo der Schnee im Frühling sulzig wurde.

Ich habe mich oft gefragt, was eigentlich das Geheimnis

des Skifahrens ist, warum das Hinabgleiten über die weißen Hänge für mich so befreiend, erlösend war. Ich denke, es war die Freiheit, die totale Autonomie, die ich dabei empfand. Und die Schönheit der Alpenwelt.

Als unsere Kinder vier waren, sind wir zu viert in die Skiferien gefahren. Ich habe gestaunt, wie schnell die Kleinen es lernten. Sie steckten von Anfang an in Schuhen, die wie Betonklötze fest auf den Brettern saßen. Nichts mehr von Stemmbogenüben im Neuschnee, von Anfang an freies Gleiten über gepfadete Pisten. Mehrmals waren wir in Bergün im Bündnerland. Dort gab es billige Ferienwohnungen mit alten Arvenstuben.

Als ich 15 war, hat mich ein Freund zum ersten Mal mit der Jugendorganisation des Schweizerischen Alpenclubs mitgenommen. Es war eine Frühlingsskitour auf den Wildgerst, nichts Besonderes, ein angenehmer Skiberg. Ich bin während der Abfahrt beinahe verschwunden in den Schneemassen. Aber ich bin immer wieder aufgestanden.

Der Leiter hieß Max Blattner. Ein Postangestellter, der gern mit den Jungen in die Berge ging. Ein richtiger Bergsteiger, der alle Gipfel der Schweizer Alpen zu kennen schien. Wir waren jeweils zu zehnt, ein verschworener Haufen, der sich samstags um 13 Uhr am Zofinger Bahnhof traf, um auf der Gotthardlinie in die Innerschweiz zu fahren. Ich kenne sie alle, die Dreitausender des Kantons Uri, die in keinem Touristenführer vorkommen, da keine Bahn hinauffährt. Enge V-Täler, die Hänge zu steil und zu schroff für Skilifte, außer im Urserental. Deshalb sind diese Gipfel auch so urtümlich geblieben. Die beiden Windgällen, Düssistock, Oberalpstock, Piz Giuv. Der Pizzo Centrale und der Pizzo Lucendro, das Blinnenhorn jenseits des Gotthardtunnels. Die Alphütten, wo sommers gekäst und morgens und abends der Alpsegen gebetet wurde, ganz ohne Zuschauer. Die Golzern-Alp, Hinterbalm im Brunnital. Es gibt Leute, die fliegen stundenlang, um irgendwo auf diesem Erdboden dem ursprünglichen Leben zu begegnen. Hier in diesen Tälern, auf diesen Alpen findet es statt.

Hier hat die Eidgenossenschaft ihren Anfang genommen. In den Alpkorporationen, welche die Alpwirtschaft regelten. Das ging gar nicht anders als mit Genossenschaften. Sie bestehen bis heute.

Ich träume heute noch ab und an von strahlend weißen Bergen, die unerreichbar am Horizont stehen. Und doch, trotz ihrer Unerreichbarkeit, sind sie für mich bestimmt.

Volkssport

D ie Natur gibt uns Rätsel auf. Über den geheimnisvollen Wandertrieb der Lemminge haben wir immerhin Theorien; wie Skifahren ein Volkssport werden konnte, hat noch niemand erklärt.

Der Skifahrer steht am Sonntag um fünf Uhr früh auf, eine Stunde früher als unter der Woche. Da dem Skifahren bevorzugt im Winter gehuldigt wird, ist es um fünf Uhr früh, wenn der Skifahrer aufsteht, dunkel. Da er eigentlich schon um halb fünf hätte aufstehen müssen, bleibt ihm kaum Zeit zum Frühstück. Mit umfangreichem Skigepäck besteigt er die erste Straßenbahn in Richtung Bahnhof. Leichter Dezemberregen nässt die Scheiben. (Noch früher ist nur der unterwegs, der zur Fahrt ins Gebirge das Auto benützt; später bekommt er keinen Parkplatz mehr.)

Am Bahnhof herrscht schon reges Treiben. Zahlreiche Skifahrer rennen kreuz und quer über die Bahnsteige, um noch einen Stehplatz in ihrem Skisonderzug, für den sie eine Wintersport-Pauschalreise gebucht haben, zu bekommen. Viele irren sich und steigen in den falschen Zug, müssen sich wieder herauszwängen, große Rucksäcke verfangen sich in fremden Skistockschlaufen, Abfahrtssignale ertönen, Frauen keifen, unerlässliche Skiutensilien, Skier, Stöcke, ja selbst Skifahrerextremitäten verklemmen sich in fremden solchen oder an Wagentüren. Oft hilft nur Gewalt. Die ersten Skier gehen zu Bruch.

Endlich fährt der Zug ab. Es ist mehr oder weniger gleichgültig, ob der Skifahrer im richtigen oder im falschen Zug steht, denn alle Züge fahren ungefähr in dieselbe Gegend. Wichtig ist nur, dass man in Gelände mit stärkeren Höhenunterschieden gelangt. Der Skifahrer steht im Gang des Waggons. Seine Hände krampfen sich um Ski, Stöcke und Rucksack. An seinen Beinen wetzt der Rucksack eines Jungskifahrers. Direkt vor seiner Nase zieht sich ein scharfkantig bewehrter, fremder Ski waagrecht hin und endet am Ohr eines Glücklicheren, der einen Sitzplatz erkämpft hat und nunmehr mit den anderen Skigenossen zur Klampfe zu singen anhebt: »Zwoa Brettln, a gfürgia Schnee.« Draußen dämmert ein trüber Dezembermorgen über den fahlgelben Stoppelfeldern.

Im beliebten Wintersportort Eichkatzlried empfängt leichter Nieselregen die Skifahrer. Sie lassen sich aber davon nicht abhalten, aus den Waggons zu stürzen, kaum dass der Zug hält. Skier, Kinder, Schuhe werden dabei verwechselt. Drüben warten die Omnibusse. Beim Spurt auf diese Omnibusse durch einen aufgeweichten Sturzacker sind dann weitere Ausfälle zu verzeichnen. Unser Freund ist froh, nur einen Handschuh im Schlamm verloren zu haben.

Der Omnibus führt den Skifahrer in höhere Regionen. Alle im Omnibus sind Skifahrer, also nass und verschwitzt. Es ist noch um eine Idee enger als im Zug, dennoch singen einige zur Klampfe: »Zwoa Brettln, a gfüriga Schnee.« Man kann jedoch nicht erkennen, ob endlich Schnee liegt, denn die Fenster sind vor Schweiß und Dunst beschlagen.

Aber es liegt Schnee (bräunlicher der Touristenklasse). In einer gigantischen Schlange stehen wartende Skifahrer vor einem Skilift. Die Neuangekommenen reihen sich hinten an, manche versuchen es weiter vorn, werden geprügelt, schlagen mit den Skiern zurück, Skier gehen zu Bruch, Sanitäter kommen, wieder sind Ausfälle zu verzeichnen.

Der Himmel ist wolkenverhangen. Ein kalter Wind pfeift. Die durch den Regen und den Schweiß nassen Kleidungsstücke frieren am Körper fest. Kaum merklich bewegt sich die Schlange vorwärts. Mit klammen Fingern nestelt der Skifahrer ein durchweichtes Päckchen Zigaretten aus dem Rucksack und versucht, eine Zigarette anzuzünden. Es geht nicht. Weiter vorn aber beginnen frohgemute Skifahrer wieder zu singen: »Zwoa Brettln, a gfüriga Schnee.« Ein Trost ist nur, dass langsam die Schlange hinter einem länger wird als vor einem. Kernig aber schreiten braun gebrannte Skilehrer mit Anrecht auf Sonderbehandlung nach vorn.

Nach Stunden erreicht der blau gefrorene Skifahrer den Sessellift. Gegen eine horrende Summe wird der Skifahrer auf eine kalte Stange gesetzt und hinaufgezogen. (Der Fahrpreis für den Lift war angeblich in der Pauschale inbegriffen. Der Skifahrer hätte jetzt natürlich hinuntergehen können und sich bei der Pauschal-Sportreise-Betreuung beschweren. Vielleicht hätte es geholfen, jedenfalls aber hätte er sich dann wieder ganz hinten anstellen müssen.)

Oben muss sich der Skifahrer wieder anstellen, diesmal an der Abfahrtsschneise. Langsam beginnt die Zeit zu drängen, denn die Skifahrersonderzüge, die unten warten, fahren bald wieder ab. Leichte Nervosität ergreift deshalb die Masse der Skifahrer. Die frühe Dämmerung des Bergwinters setzt ein. Kalter, graupeliger Schnee, den der Wind auftreibt, setzt sich in den Falten der Kleidung und im Gesicht fest. Stark nervige Naturen machen Brotzeit. Man muss bemüht sein, die Wurst auf dem Brot so lang wie möglich festzuhalten (nicht in den Finger beißen!), weil der Wind sie sonst fortweht, womöglich dorthin, wo ein launiger Wintersportfreund ein gelbliches Herz in den Schnee gezeichnet hat.

Die Abfahrt findet dann auf der sogenannten Piste statt. Die Piste ist ein ausgeholzter Weg, der an spitzigen Felsen, harten Bäumen und Ecken hochgelegener Bauernhäuser vorbei ins Tal führt. Die Bauern in den Häusern schauen gar nicht mehr von ihren abendlichen Knödeln auf, wenn wieder ein Skifahrer gegen das Haus prallt. – In der Früh war dieser Weg, die Piste, verschneit. Jetzt ist er eine Moraststrecke, die hier und da von hartnäckigen Schneefeldern unterbrochen ist. Wie gut, dass man Skier an den Füßen hat; man versinkt nicht so tief im Schlamm.

Unten hat es dann richtig zu regnen angefangen. Der Skifahrer hastet zum Zug. Diesmal hat er Glück, er erwischt einen Sitzplatz. Leider reicht jemand ein Paar Skier durchs Fenster, ohne vorher die Scheibe herunterzulassen. Von oben, wo nasses Wintersportgerät die obere Hälfte des Abteils verkeilt, tropft es herunter, vornehmlich hinter den Kragen im Genick. Durch das kaputte Fenster pfeift der Dezemberwind herein. Plötzlich durchrieselt ein angenehm warmes Gefühl den Skifahrer – die Thermosflasche des Nachbarn ist geplatzt. Galligen Blicken der Draußenstehenden begegnen unverwüstliche Naturen im

Abteil mit dem beliebten Lied »Zwoa Brettln, a gfüriga Schnee«.

Spätabends ist der Skifahrer wieder in der Stadt. Hier hat es inzwischen geschneit. Der Trambahnverkehr ist zusammengebrochen. Vor den wenigen, zum Bersten gefüllten Trambahnen, die überhaupt noch verkehren, raufen sich die Sportfreunde. Unser Skifahrer macht sich seufzend auf den Heimweg. Die Skier geschultert, stapft er durch den Schnee. Hören wir recht, so summt er vor sich hin: »Zwoa Brettln …« (Dabei ist ihm das Schlimmste erspart geblieben, was nämlich dem blüht, der übers Wochenende beim Skifahren weilt: der zünftige Hüttenabend.)

Nun tut der Skifahrer das alles gar nicht gegen Bezahlung: Im Gegenteil, es kostet ihn noch Geld. Durch die einseitige, unnatürliche Belastung des Körpers, nicht zu reden von Nässe und Kälte und den vielen Gelegenheiten zu Knochenbrüchen, ist Skifahren ausgesprochen ungesund. »Skifahren«, sagte Richard Strauss, »ist eine Beschäftigung für norwegische Landbriefträger.«

Wenn man sehr reich ist und man hat für den Winter ein reizendes Chalet in Arosa gemietet, wo man an ruhigen Wochentagen zwischen Gabelfrühstück und einer Bridgepartie eine gelegentliche Abfahrt am nahe gelegenen Hang macht – gut. Aber Volkssport? Über den geheimnisvollen Wandertrieb der Lemminge gibt es immerhin Theorien. Wie Skifahren ein Volkssport werden konnte, hat noch niemand zu erklären versucht.

JOHANN WOLFGANG GOETHE

Ein sehr harter Winter

Ein sehr harter Winter hatte den Main völlig mit Eis bedeckt und in einen festen Boden verwandelt. Der lebhafteste, notwendige und lustig gesellige Verkehr regte sich auf dem Eise. Grenzenlose Schlittschuhbahnen, glatt gefrorne weite Stellen wimmelten von bewegter Versammlung. Ich fehlte nicht vom frühen Morgen an und war also, wie späterhin meine Mutter, dem Schauspiel zuzusehen, angefahren kam, als leicht gekleidet wirklich durchgefroren. Sie saß im Wagen in ihrem roten Sammetpelze, der, auf der Brust mit starken goldnen Schnüren und Quasten zusammengehalten, ganz stattlich aussah. »Geben Sie mir, liebe Mutter, Ihren Pelz!«, rief ich aus dem Stegreife, ohne mich weiter besonnen zu haben, »mich friert grimmig.« Auch sie bedachte nichts weiter; im Augenblick hatte ich den Pelz an, der, purpurfarb bis an die Waden reichend, mit Zobel verbrämt und mit Gold geschmückt, zu der braunen Pelzmütze, die ich trug, gar nicht übel kleidete. So fuhr ich sorglos auf und ab, auch war das Gedränge so groß, dass man die seltene Erscheinung nicht einmal sonderlich bemerkte, obschon einigermaßen: Denn man rechnete mir sie später unter meinen Anomalien im Ernst und Scherze wohl einmal wieder vor.

Die Schussfahrt

M r. Willard fuhr mich in die Adirondacks Berge. Es war am Tag nach Weihnachten, und ein grauer Himmel bauschte sich fett vor Schnee über uns. Ich fühlte mich überfressen und dumpf und enttäuscht, so wie ich mich immer am Tag nach Weihnachten fühlte, als ob das, was immer die Tannenzweige und die Kerzen und die mit silbernen und goldenen Bändern eingepackten Geschenke und die offenen Feuer aus Birkenscheiten und der Weihnachtstruthahn und die Weihnachtslieder am Klavier versprachen, niemals vorbeiginge.

An Weihnachten wünschte ich mir fast, katholisch zu sein.

Zuerst fuhr Mr. Willard, und dann fuhr ich. Ich weiß nicht mehr, über was wir sprachen, aber als die schon tief unter altem Schnee steckende Landschaft immer rauer wurde und die Fichten sich von den grauen Hügeln so dunkelgrün, dass sie schwarz aussahen, bis zum Straßenrand herabzogen, wurde ich immer trauriger.

Ich war drauf und dran, Mr. Willard zu bitten, alleine weiterzufahren, ich würde mit Autostopp wieder nach Hause fahren.

Aber ein Blick auf Mr. Willards Gesicht – das jungenhaft kurz geschnittene silbrige Haar, die klaren blauen Augen, die rosa Wangen, alles übergossen wie ein süßer Hochzeitskuchen mit dem unschuldigen, vertrauenden Gesichtsausdruck – und ich wusste, ich konnte es nicht. Ich musste den Besuch bis zum Ende durchstehen.

Um die Mittagszeit wurde das Grau etwas heller, und wir parkten an einer vereisten Ausfahrt und teilten uns die Thunfischbrote und das Gebäck und die Äpfel und die Thermosflasche mit schwarzem Kaffee, die Mrs. Willard für uns als Mittagessen eingepackt hatte.

Mr. Willard sah mich freundlich an. Dann räusperte er sich und wischte sich ein paar übrige Krümel vom Schoß. Ich wusste, er würde etwas Ernsthaftes sagen, denn er war sehr scheu und ich hatte ihn sich auf gleiche Weise räuspern hören, bevor er eine wichtige Vorlesung in Wirtschaftslehre gab. »Nelly und ich wollten immer eine Tochter haben.«

Für einen verrückten Augenblick glaubte ich, Mr. Willard würde verkünden, Mrs. Willard sei schwanger und erwarte ein Mädchen. Dann sagte er: »Aber ich kann mir keine nettere Tochter als dich vorstellen.«

Mr. Willard musste gedacht haben, ich weinte, weil ich so froh war, ihn als Vater zu bekommen. »Na, na«, er tätschelte mir die Schulter und räusperte sich ein- oder zweimal. »Ich glaube, wir verstehen uns.«

Dann öffnete er die Wagentür auf seiner Seite und kam auf meine Seite herüber, sein Atem wurde in der grauen Luft zu gewundenen Rauchsignalen. Ich rutschte auf den Sitz, den er verlassen hatte, und er ließ den Wagen an, und wir fuhren weiter.

Ich weiß nicht genau, was ich von Buddys Sanatorium erwartete.

Ich glaube, ich stellte mir eine Art hölzernes Chalet vor, hoch auf der Spitze eines kleinen Berges, mit rotbackigen jungen Männern und Frauen, alle sehr attraktiv, die aber mit hektisch glitzernden Augen unter dicken Decken auf Balkons lagen.

»Tuberkulose ist so, wie wenn man mit einer Bombe in den Lungen lebt«, hatte Buddy mir ins College geschrieben. »Man liegt einfach ganz ruhig da und hofft, dass sie nicht losgeht.«

Ich konnte mir nur schwer vorstellen, dass Buddy ruhig lag. Seine ganze Lebensphilosophie war es, auf den Beinen zu sein und jede Sekunde etwas zu tun. Sogar im Sommer am Strand legte er sich niemals hin, um in der Sonne zu dösen, wie ich das tat. Er lief herum oder spielte Ball oder machte ein paar Liegestütze, um die Zeit zu nutzen.

Mr. Willard und ich warteten im Empfangsraum auf das Ende der Mittagsruhe.

Die Farben des Sanatoriums schienen ganz auf ›Leber‹ zu basieren. Dunkle, finster aussehende Hölzer, schwarzbraune Lederstühle, Wände, die vielleicht einmal weiß gewesen waren, aber von einer sich ausbreitenden, den Putz zerfressenden Seuche oder von der Feuchtigkeit befallen waren. Auf dem Boden lag fleckiges braunes Linoleum.

Auf einem niedrigen Kaffeetisch, mit runden und halbrunden eingeätzten Flecken in dem dunklen Furnier, lagen ein paar verwitterte Hefte von TIME und LIFE. Ich blätterte das mir nächstliegende Heft halb durch. Das Gesicht von Eisenhower leuchtete zu mir auf, kahl und leer wie das Gesicht eines Embryos in einer Flasche.

Nach einer Weile bemerkte ich ein heimliches tropfendes Geräusch. Einen Moment dachte ich, die Wände hätten angefangen, die Feuchtigkeit abzugeben, von der sie durchtränkt sein mussten, aber dann sah ich, das Geräusch kam von einem kleinen Springbrunnen in einer Ecke des Raumes.

Der Springbrunnen spritzte aus einem rohen Stück Rohr ein paar Zentimeter in die Luft, warf die Hände hoch, fiel zusammen und ertränkte sein restliches Tröpfeln in einem mit gelbem Wasser gefüllten Steinbecken. Das Becken war mit den weißen sechseckigen Kacheln ausgelegt, die man in öffentlichen Bedürfnisanstalten findet.

Ein Summer ertönte, in der Ferne öffneten und schlossen sich Türen. Dann kam Buddy herein.

»Hallo, Vater.«

Buddy umarmte seinen Vater und kam prompt entsetzlich strahlend zu mir herüber und streckte die Hand aus. Ich schüttelte sie. Sie fühlte sich feucht und fett an.

Mr. Willard und ich saßen nebeneinander auf einer Ledercouch. Buddy setzte sich uns gegenüber auf den Rand eines schlüpfrigen Sessels. Er lächelte weiter, als wären seine Mundwinkel durch unsichtbare Drähte hochgezogen.

Dass Buddy dick sein könnte, damit hatte ich überhaupt nicht gerechnet. Jedes Mal wenn ich an ihn im Sanatorium dachte, sah ich tief liegende Schatten auf den Wangenknochen und die Augen aus fast fleischlosen Augenhöhlen brennen.

Aber alles Konkave an Buddy war plötzlich konvex geworden. Ein dicker Bauch schwoll unter dem engen weißen Nylonhemd und seine Wangen waren rund und rosig wie Marzipanfrüchte. Sogar sein Lachen klang plump.

Buddys Augen folgten meinen. »Das kommt vom Essen«, sagte er. »Wir werden jeden Tag genudelt und liegen nur herum. Aber ich darf jetzt stundenweise spazieren gehen, deshalb keine Angst, in ein paar Wochen bin ich wieder dünn.« Er sprang auf und lächelte wie ein gut gelaunter Gastgeber. »Wollt ihr mein Zimmer sehen?«

Ich folgte Buddy und Mr. Willard folgte mir durch Schwingtüren mit Milchglasscheiben, einen düsteren, leberfarbenen Korridor entlang, der nach Bohnerwachs und Lysol roch und nach irgendeinem anderen undeutlicheren Geruch wie abgebrochene Gardenien.

Buddy machte eine braune Tür auf, und wir drängten uns in das enge Zimmer.

Ein klobiges Bett mit einem dünnen weißen Überzug, der mit blauen, bleistiftdicken Streifen bedeckt war, nahm den meisten Raum ein. Daneben stand ein Nachttisch mit einem Krug Wasser und einem Wasserglas und dem silbrigen Ende eines Thermometers, das aus einem Gefäß mit rosa Desinfektionsmittel herausragte. Ein zweiter Tisch, voll mit Büchern und Papieren und gebrannten Tontöpfen – bemalt und gebrannt, aber nicht lackiert – war zwischen das Ende des Bettes und die Schranktür gezwängt.

»Na ja«, atmete Mr. Willard aus, »es sieht ganz gemütlich aus.«

Buddy lachte.

»Was ist denn das?« Ich nahm einen Aschenbecher aus Ton in der Form eines Lilienblattes, auf schmutzig grünem Grund waren die Blattadern sorgfältig in Gelb aufgemalt. Buddy rauchte nicht.

»Ein Aschenbecher«, sagte Buddy. »Er ist für dich.«

Ich stellte den Aschenbecher hin. »Ich rauche nicht.«

»Ich weiß«, sagte Buddy. »Ich dachte, er würde dir trotzdem gefallen.«

»Nun«, Mr. Willard rieb eine papierene Lippe gegen die andere. »Ich glaube, ich sollte wieder. Ich glaube, ich lasse euch zwei jungen Leute …«

»Gut, Papa. Du musst wieder fahren.«

Ich war überrascht. Ich hatte gedacht, Mr. Willard würde über Nacht bleiben und mich am nächsten Tag zurückfahren.

»Soll ich mitkommen?«

»Nein, nein.« Mr. Willard zog ein paar Geldscheine aus der Brieftasche und gab sie Buddy.

»Sieh zu, dass Esther einen guten Platz im Zug bekommt. Sie bleibt vielleicht einen Tag oder so.«

Buddy begleitete seinen Vater zur Tür.

Ich kam mir von Mr. Willard im Stich gelassen vor. Ich hatte das Gefühl, dass er das schon die ganze Zeit vorgehabt hatte, aber Buddy sagte, nein, sein Vater könne den Anblick von Krankheit einfach nicht ertragen und besonders die Krankheit seines eigenen Sohnes nicht, denn er halte alle Krankheiten für Krankheiten des Willens. Mr. Willard war in seinem Leben keinen einzigen Tag krank gewesen.

Ich setzte mich auf Buddys Bett. Man konnte sich einfach nirgendwo sonst hinsetzen.

Buddy kramte geschäftsmäßig in seinen Papieren herum. Dann gab er mir eine dünne graue Zeitschrift.

»Sieh auf Seite elf nach.«

Die Zeitschrift war irgendwo in Maine gedruckt und voll von schablonenhaften Gedichten und Beschreibungen in

Abschnitten, die durch Sternchen getrennt waren. Auf Seite elf fand ich ein Gedicht mit dem Titel »Florida – Dämmerung«. Ich überflog ein dichterisches Bild nach dem anderen über wassermelonenfarbige Lichter und schildkrötengrüne Palmen und Muscheln, gekehlt wie die Reste griechischer Architektur.

»Nicht schlecht.« Ich fand es entsetzlich.

»Wer hat es geschrieben?«, fragte Buddy mit sonderbarem, taubenhaften Lächeln.

Mein Blick fiel auf den Namen in der unteren rechten Ecke der Seite. B. S. Willard.

»Ich weiß es nicht.« Dann sagte ich: »Natürlich weiß ich es, Buddy. Du hast es geschrieben.«

Buddy rutschte zu mir herüber.

Ich rutschte zurück. Ich wusste sehr wenig über Tuberkulose, aber es schien mir eine besonders ernste Krankheit zu sein, weil sie sich so unsichtbar hinzog. Buddy konnte gut in seiner eigenen kleinen mörderischen Aura von Tuberkeln sitzen, dachte ich.

»Keine Sorge«, lachte Buddy. »Ich bin nicht positiv.«

»Positiv?«

»Du steckst dich schon nicht an.«

Buddy holte tief Atem, so wie man das bei einem steilen Aufstieg tut.

»Ich möchte dich etwas fragen.« Er hatte die beunruhigende neue Angewohnheit, mir seinen Blick in die Augen zu bohren, als ob er tatsächlich darauf aus war, mir den Kopf zu durchbohren, um noch besser analysieren zu können, was darin vorging.

»Ich wollte es dich eigentlich per Brief fragen.«

Ich hatte eine verschwommene Vision eines blassblauen Kuverts mit dem Wappen von Yale auf der Rückseite.

»Aber dann fand ich, es wäre besser, wenn ich warte, bis du herkommst, damit ich dich persönlich fragen kann.« Er machte eine Pause. »Willst du gar nicht wissen, was es ist?«

»Was denn?«, sagte ich mit einer kleinen, nicht vielversprechenden Stimme.

Buddy setzte sich neben mich. Er legte mir den Arm um die Hüfte und strich mir das Haar vom Ohr zur Seite. Ich rührte mich nicht. Dann hörte ich ihn flüstern: »Möchtest du gerne Mrs. Buddy Willard werden?«

Ich spürte den furchtbaren Zwang lachen zu müssen.

Diese Frage hätte mich jeden Augenblick während der fünf oder sechs Jahre, die ich Buddy Willard anbetete, einfach umgeworfen, dachte ich.

Buddy merkte, wie ich zögerte.

»Oh, ich weiß schon, ich bin jetzt noch nicht in Form«, sagte er schnell. »Ich bin immer noch in Behandlung und es kann gut sein, dass ich noch eine oder zwei Rippen los werde, aber nächsten Herbst studiere ich wieder weiter. Spätestens kommendes Frühjahr in einem Jahr …«

»Ich glaube, ich muss dir etwas sagen, Buddy.«

»Ich weiß«, sagte Buddy steif. »Du hast jemand anders getroffen.«

»Nein, das ist es nicht.«

»Was denn dann?«

»Ich werde nie heiraten.«

»Du bist verrückt.« Buddy strahlte. »Das wirst du dir schon noch anders überlegen.«

»Nein, ich habe es mir überlegt.«

Aber Buddy sah nur weiter fröhlich aus.

»Erinnerst du dich«, sagte ich, »damals als du nach dem Fest mit mir per Autostopp zum College zurückgefahren bist?«

»Ich erinnere mich.«

»Weißt du noch, wie du mich gefragt hast, wo ich am liebsten leben würde, auf dem Land oder in der Stadt?«

»Und du hast gesagt …«

»Und ich habe gesagt, ich würde gerne auf dem Land leben und in der Stadt?« Buddy nickte.

»Und du«, fuhr ich mit plötzlicher Stärke fort, »du hast gelacht und gesagt, ich hätte die perfekte Veranlagung eines echten Neurotikers und diese Frage stamme aus einem Fragebogen, den du in dieser Woche in der Psychologievorlesung bekommen hättest?«

Buddys Lächeln verschwand.

»Also, du hast recht gehabt. Ich bin neurotisch. Ich könnte nie auf dem Land und nie in der Stadt leben.«

»Du könntest dazwischen leben«, schlug Buddy hilfreich vor.

»Dann könntest du manchmal in die Stadt gehen und manchmal aufs Land.«

»Und was ist dabei so neurotisch?«

Buddy gab keine Antwort.

»Nun?«, stieß ich aus, und dachte: »Diese Kranken soll man nicht verhätscheln, das ist sehr schlecht für sie, das verdirbt sie völlig.«

»Nichts«, sagte Buddy mit blasser, leiser Stimme.

»Neurotisch, ha!«, ich lachte verächtlich. »Wenn das neurotisch ist, wenn man zwei sich gegenseitig ausschließende

Dinge zur gleichen Zeit tun will, dann bin ich verdammt neurotisch. Ich werde mein ganzes Leben lang zwischen zwei sich ausschließenden Dingen hin und her fliegen.«

Buddy legte seine Hand auf meine.

»Lass mich mit dir fliegen.«

Ich stand auf Mount Pisgah am Anfang der Skiabfahrt und sah hinunter. Ich war noch nie in meinem Leben Ski gefahren. Aber ich dachte, ich sollte die Aussicht genießen, wenn ich schon mal da war.

Links von mir entließ der Schlepplift einen Skifahrer nach dem anderen auf den verschneiten Gipfel, der von dem vielen Hin und Her und nach der etwas auftauenden Mittagssonne so glatt und hart wie Glas geworden war. Die kalte Luft straffte meine Lungen und Stirnhöhlen mit visionärer Klarheit.

Zu beiden Seiten rasten die Skifahrer in roten und blauen und weißen Jacken die blendende Piste hinunter wie fliehende Teilchen einer amerikanischen Fahne. Vom Fuß der Abfahrt her spielte die imitierte Blockhütte ihre Schlager in den Überhang der Stille.

Wir schauen auf die Jungfrau
Aus unserem Haus für zwei ...

Das heitere Lied und das Dröhnen zogen wie ein unsichtbarer Bach in einer Schneewüste an mir vorbei. Eine sorglose herrliche Geste, und ich würde mich die Abfahrt hinabschleudern auf den kleinen khakifarbenen Fleck seitwärts unter den Zuschauern zu, der Buddy Willard war.

Den ganzen Vormittag hatte Buddy mir das Skifahren beigebracht. Zuerst lieh sich Buddy Ski und Skistöcke von einem Freund im Dorf, Skistiefel von der Frau eines Arztes, deren Füße nur um eine Nummer größer waren als meine, und eine rote Windjacke von einer Lernschwester. Erstaunlich, wie beharrlich er bei meiner Halsstarrigkeit war.

Dann fiel mir ein, dass Buddy beim Medizinstudium einen Preis bekommen hatte, weil er besonders viele Angehörige von Gestorbenen überredete, ihre Toten im Dienste der Wissenschaft sezieren zu lassen, ob es nötig war oder nicht. Ich vergaß, was für ein Preis das war, aber ich konnte mir Buddy gut in dem weißen Mantel vorstellen mit dem Stethoskop, das wie ein Teil seiner Anatomie aus einer Seitentasche herausragte, wie er lächelte und sich verbeugte und abgestumpfte, dumpfe Verwandte dazu überredete, die Einwilligung zu unterzeichnen.

Dann lieh Buddy sich das Auto seines eigenen Arztes, der selbst Tuberkulose gehabt und deshalb viel Verständnis hatte, und wir fuhren los, als der Summer in den sonnenlosen Gängen des Sanatoriums schnarrend den Beginn des Spaziergangs ankündigte. Buddy war noch nie Ski gefahren, aber er sagte, die Grundregeln seien ganz einfach, und er habe den Skilehrern und ihren Schülern oft zugesehen, deshalb könne er mir alles Nötige beibringen. Die erste halbe Stunde lang ging ich gehorsam im Grätschschritt einen kleinen Hügel hinauf, stieß mich mit den Stöcken ab und fuhr gerade wieder hinunter. Buddy schien mit meinen Fortschritten zufrieden.

»Sehr gut, Esther«, bemerkte er, als ich die Abfahrt zum zwanzigsten Mal anging. »Jetzt wollen wir es mit dem Schlepplift versuchen.«

Ich blieb erhitzt und keuchend stehen.

»Aber Buddy, ich kann doch noch keine Bogen fahren. Alle die Leute, die von da oben herunterkommen, können Bogen fahren.«

»Du brauchst ja nur halb hinaufzufahren. Dann wirst du nicht zu viel Fahrt bekommen.«

Und Buddy begleitete mich zum Schlepplift und zeigte mir, wie ich das Seil durch die Hände laufen lassen musste, und dann sagte er, ich solle mit den Fingern zugreifen und hinauffahren. Der Gedanke, Nein zu sagen, kam mir überhaupt nicht. Ich schloss die schmerzenden Finger um die raue, rutschende Schlange des Seils und fuhr hinauf.

Aber das Seil zog mich schwankend und balancierend so schnell vorwärts, dass ich die Hoffnung aufgab, auf halber Höhe davon loszukommen. Ein Skifahrer war vor mir und einer hinter mir und wenn ich losgelassen hätte, hätte es mich umgeworfen und ich wäre von Skiern und Skistöcken durchbohrt worden, und ich wollte keine Schwierigkeiten machen, deshalb blieb ich ruhig daran hängen. Oben aber bereute ich es.

Buddy hatte mich ausgemacht, wie ich da in der roten Jacke zögerte. Seine Arme schlugen die Luft wie khakifarbene Windmühlenflügel. Dann merkte ich, dass er mir zu verstehen gab, in einer Lücke herunterzufahren, die sich zwischen den verwobenen Skifahrern geöffnet hatte. Aber während ich mich unsicher mit trockenem Hals noch nicht entschließen konnte, verwischte sich der glatte weiße Pfad von meinen Füßen bis zu seinen Füßen.

Ein Skifahrer kreuzte ihn von links, ein anderer kreuzte ihn von rechts. Buddys Arme winkten dumm wie Fühler weiter von der anderen Seite des Feldes, das von kleinen, sich bewegenden mikroskopischen Lebewesen, wie von Bazillen wimmelte, oder seine Arme streckten sich wie leuchtende Ausrufezeichen.

Ich sah von dem wimmelnden Amphitheater auf zu der Aussicht dahinter.

Das große, graue Auge des Himmels sah mich an, seine dunstige Sonne rückte die ganzen weißen und schweigenden weiten Fernen, die von allen Punkten der Windrose heranflossen, in den Brennpunkt, ein bleicher Hügel nach dem anderen, um zu meinen Füßen zum Stillstand zu kommen.

Die innere Stimme quälte mich, kein Idiot zu sein, meine Haut zu retten und die Ski abzuschnallen und hinunterzugehen, von den buschigen Kiefern getarnt, die entlang der Abfahrt standen – und sie floh wie ein trostloser Moskito. Der Gedanke, ich könnte mich umbringen, entwickelte sich in meinem Kopf, gelassen, wie ein Baum oder eine Blume.

Ich schätzte die Entfernung zu Buddy mit den Augen.

Seine Arme waren jetzt verschränkt, und er schien eins zu sein mit dem Lattenzaun hinter ihm – starr, braun und unwichtig.

Ich rückte an den Rand des Hügels, grub die Spitzen der Skistöcke in den Schnee und stieß mich ab zu einem Flug, den ich weder durch Geschick noch durch irgendeinen verspäteten Willensakt beenden konnte, das wusste ich.

Ich fuhr geradewegs hinab.

Ein scharfer Wind, der sich versteckt hatte, traf mich voll in den Mund und fegte mir das Haar waagrecht vom Kopf zurück. Ich sank hinab, aber die weiße Sonne stieg nicht höher. Sie hing über den schwebenden Wellen der Hügel, ein empfindungsloser Angelpunkt, ohne den die Welt nicht bestand.

Ein kleiner, antwortender Punkt in meinem Körper flog ihr entgegen. Ich fühlte, wie sich meine Lungen mit der Flut der Landschaft füllten – Luft, Berge, Bäume, Menschen. Ich dachte: »So ist es, wenn man glücklich ist.«

Ich sank hinab, vorbei an denen, die Bogen fuhren, an den Schülern, den Könnern, durch die Jahre von Unentschlossenheit und Lächeln und Kompromiss hindurch, in meine eigene Vergangenheit.

Auf beiden Seiten wichen Menschen und Bäume zurück wie die dunklen Wände eines Tunnels, während ich weiter auf den stillen, leuchtenden Punkt am Ende zustürzte, auf den Kiesel am Grund der Quelle, das weiße süße Kind bewahrt im Bauch der Mutter.

Meine Zähne knirschten auf einem Mund voll Sand. Eiswasser sickerte mir den Hals hinab.

Buddys Gesicht hing über mir, nah und groß wie ein aus der Bahn geratener Planet. Andere Gesichter tauchten dahinter auf. Dahinter wimmelten schwarze Punkte auf einer Fläche von Weiß. Wie unter der Berührung mit dem Zauberstab einer törichten Fee sprang die Alte Welt Stück für Stück in ihre Lage zurück.

»Du hast es gut gemacht«, informierte eine bekannte Stimme mein Ohr, »bis dir der Mann in den Weg kam.«

Leute machten meine Bindung los und sammelten meine Skistöcke ein, die schief aus ihren jeweiligen Schneewehen in den Himmel ragten. Der Zaun der Skihütte schob sich mir in den Rücken. Buddy beugte sich herunter, um mir die Schuhe und einige ausfüllenden Paare weiße Woll-socken auszuziehen. Seine dicke Hand umfasste den linken Fuß, fuhr mir dann zentimeterweise den Knöchel hinauf, griff zu und tastete, als ob sie nach einer versteckten Waffe suchte.

Eine unbetroffene, weiße Sonne schien hoch am Him-mel. Ich wollte mich daran schleifen, bis ich heilig und dünn und wesentlich wie die Klinge eines Messers wurde.

»Ich fahre wieder hinauf«, sagte ich. »Ich tue es noch einmal.«

»Nein, das tust du nicht.«

Ein merkwürdig zufriedener Ausdruck kam über Bud-dys Gesicht.

»Nein, das tust du nicht«, wiederholte er mit endgül-tigem Lächeln. »Dein Bein ist an zwei Stellen gebrochen. Du wirst ein paar Monate in Gips stecken.«

Ein Wettlauf um eine Million

He! Jetzt schnell in die herrlichen Lumpen!« Kurz betrachtete seinen Partner mit gespieltem Neid. Kid, der sich vergebens bemühte, die Druckfalten aus den Hosen, die er soeben angezogen hatte, zu entfernen, wurde ärgerlich.

»Für einen getragenen Anzug sitzt er gar nicht so schlecht!« fuhr Kurz fort. »Wie viel hat er eigentlich gekostet?«

»Hundertfünfzig der ganze Anzug«, antwortete Kid. »Der Mann hatte fast genau meine Größe. Ich fand, dass es ein sehr vernünftiger Preis war. Warum meckerst du denn eigentlich?«

»Wer? Ich? Ach, gar nichts! Mir fiel nur ein, dass es wirklich einen großen Fortschritt für einen Bärenfleischliebhaber bedeutet, der im Packeis nach Dawson kam und damals nur eine Garnitur Unterzeug, ein Paar Mokassins und ein Paar Überziehhosen sein Eigen nannte, die ebenso durchlöchert waren wie das Wrack der Hesperus ... und der nichts zu fressen hatte. Siehst ja verflucht vornehm aus, Kompagnon! Verdammt vornehm ... Sag mal ...«

»Was willst du denn?« fragte Kid mürrisch.

»Wie heißt sie denn eigentlich?«

»Sie? Was heißt hier ›sie‹? Es gibt gar keine ›sie‹. Ich bin zum Mittagessen bei Oberst Bowie eingeladen, wenn du es unbedingt wissen willst. Ich will dir sagen, was mit dir los ist, Kurz: Du bist einfach neidisch, weil ich in so vornehmer Gesellschaft verkehre und du nicht auch eingeladen bist.«

»Kommst du nicht ein bisschen spät?«

»Wie meinst du das?«

»Zum Mittagessen, meine ich. Sie werden die Suppe schon gegessen haben, ehe du kommst.«

Kid wollte gerade mit raffiniertem Sarkasmus berichten, wie es auf vornehmen Gesellschaften zugeht, als er merkte, dass der andere ihn zum Besten hielt. Er vollendete daher seine Toilette so schnell wie möglich. Mit Fingern, die ihre frühere Gewandtheit verloren hatten, band er seine Krawatte zu einer großen Schleife unter den weichen Kragen.

»Schade, dass ich all meine steifen Kragen zur Wäsche gegeben habe«, murmelte Kurz mit aufrichtigem Mitgefühl. »Ich hätte dir sonst gern einen gepumpt.«

Kid bemühte sich gerade, ein Paar richtige Schuhe anzuziehen. Die plumpen wollenen Socken waren indessen zu dick, sodass sie nicht in die Schuhe hineingingen. Er warf Kurz einen flehenden Blick zu. Der aber schüttelte den Kopf. »Nichts zu machen! Selbst wenn ich ein Paar dünne hätte, würde ich sie dir doch nicht pumpen. Kehre lieber reumütig zu deinen Mokassins zurück, Kompagnon! Deine Zehen werden in so einem Paar enger Hinterflossenüberzüge todsicher erfrieren.«

»Ich habe fünfzehn Dollar dafür gegeben, getragen natürlich«, klagte Kid.

»Ich glaube, dass kein Einziger da sein wird, der nicht Mokassins trägt.«

»Aber es kommen ja auch Damen, Kurz. Ich muss mit richtigen Damen bei Tisch sitzen … mit Frau Bowie und mehreren anderen, wie mir der Oberst erzählte.«

»Na – und? Mokassins werden ihnen den Appetit nicht verderben«, erklärte Kurz, »Ich möchte wissen, was der Oberst mit dir vorhat.«

»Ich habe keine Ahnung … wenn er nicht vielleicht gehört hat, dass ich den Überraschungssee gefunden habe. Es wird ja ein Vermögen kosten, ihn trockenzulegen, und die Guggenheims wollen gern Geld anlegen.«

»So was wird es vermutlich sein. Na, aber halt du dich nur ruhig an die Mokassins! Du gütiger Himmel, der Rock ist da reichlich zerknittert, und zu eng ist er auch noch dazu. Darfst eben nicht zu viel futtern, Kamerad … wenn du es tust, wirst du einfach platzen! Und wenn die Frauenzimmer ihre Taschentücher auf den Boden fallen lassen, müssen sie hübsch liegen bleiben, heb sie um Gottes willen nicht auf! Was du auch sonst tust, das darfst du auf keinen Fall.«

Wie es sich für einen hoch bezahlten Sachverständigen und den Vertreter der angesehenen Firma Guggenheim gehört, bewohnte Oberst Bowie eines der vornehmsten Häuser Dawsons.

Es war freilich, wie alle die andern, aus vierkantigen, grob behauenen Balken erbaut, hatte aber zwei Stockwerke und war von so extravaganter Größe, dass es mit einem großen Wohnzimmer prahlen konnte, das tatsächlich nur als Wohnzimmer diente. Große Bärenfelle lagen auf dem rauen Bretterboden, und an den Wänden hingen Geweihe von Elchen und Rentieren. Hier gab es sogar einen offenen

Kamin und einen mächtigen Ofen, in dem ein herrliches Feuer prasselte. Hier traf Kid die gesellschaftliche Auslese Dawsons – Männer wie Warburton Jones, Forschungsreisender und Schriftsteller, Hauptmann Consadine von der berittenen Polizei, Haskell, Goldkommissar des Nordwest-Territoriums, und Baron von Schroeder, der ein Günstling des deutschen Kaisers war und einen internationalen Ruf als Duellant genoss.

Und hier traf Kid auch Joy Gasteil, die ihn in einem richtigen Gesellschaftskleid bezauberte – bisher hatte er sie ja nur unterwegs in Pelz und Mokassins gesehen.

Beim Essen war sie seine Tischdame.

»Ich fühle mich wie ein Fisch, der aus seinem Element herausgezogen ist«, gestand er. »Die Gäste hier sind alle wirklich bedeutende Persönlichkeiten, nicht wahr? Außerdem hätte ich mir nie träumen lassen, dass es eine solche orientalische Üppigkeit in Klondike gäbe. Sehen Sie sich mal Herrn von Schroeder an! Er hat tatsächlich einen richtigen Frack an, und Consadine trägt sogar ein gestärktes Hemd. Ich habe indessen festgestellt, dass er auch Mokassins trägt. Was sagen Sie zu meiner Ausstattung?«

Um Joys Beifall zu erlangen, bewegte er die Schultern hin und her wie ein Vogel, der sich die Federn putzt.

»Es sieht aus, als seien Sie dicker geworden, seit Sie hierher gekommen sind«, lachte sie.

»Stimmt nicht! Raten Sie noch einmal …«

»Dann gehört der Anzug einem anderen.«

»Diesmal haben Sie es getroffen! Ich habe den Anzug zu einem sehr anständigen Preis von einem Angestellten der A.-C.-Gesellschaft gekauft.«

»Es ist wirklich schade, dass Kontoristen immer so schmale Schultern haben«, sagte sie mitfühlend. »Aber Sie haben gar nicht gesagt, wie Ihnen meine Ausstattung gefällt«

»Das kann ich einfach nicht«, erklärte er. »Ich habe die Sprache verloren. Ich lebe schon zu lange auf den ewigen Fahrten! So etwas wie das hier wirkt völlig betäubend auf mich. Ich hatte tatsächlich vergessen, dass Frauen überhaupt Arme und Schultern haben. Morgen früh werde ich wach werden und, genau wie mein Freund Kurz, glauben, dass alles nur ein Traum gewesen ist. Letztes Mal, als ich Sie am Squaw-Bach sah …«

»Da benahm ich mich ganz wie eine indianische Squaw«, unterbrach sie ihn.

»Das wollte ich nicht sagen. Ich erinnerte mich nur, dass ich am Squaw-Bach die Entdeckung machte, dass Sie Füße besitzen.«

»Und ich werde Ihnen nie vergessen, dass Sie sie gerettet haben«, sagte sie. »Ich habe seither immer gewünscht, Sie wiederzusehen, um Ihnen meinen Dank abzustatten.« Er zuckte abwehrend die Achseln. »Und deshalb sind Sie heute auch hier eingeladen.«

»Sie haben also den Oberst veranlasst, mich einzuladen?«

»Nein, aber seine Frau. Und ich habe sie auch gebeten, Sie mir als Tischherrn zu geben. Und jetzt habe ich also endlich die Gelegenheit, Ihnen etwas anzuvertrauen. Jetzt ist die Unterhaltung ja schon allgemein, sodass man nicht hört, was ich Ihnen sage. Passen Sie gut auf und unterbrechen Sie mich nicht. Sie kennen ja den Mono-Bach?«

»Natürlich.«

»Es hat sich gezeigt, dass er sehr viel Gold führt ... unerhört reich ist er. Man berechnet, dass jeder Claim eine Million oder mehr wert ist. Er ist erst ganz vor Kurzem entdeckt.«

»Ich erinnere mich, wie wild die Leute damals waren.«

»Das ganze Gebiet wurde auch bis zum Horizont abgesteckt und abgepfählt und die Nebenflüsse ebenfalls. Aber eben in diesen Tagen ist ein Claim frei geworden, nämlich Nummer drei am Hauptstrom unterhalb des Finderclaims. Die Entfernung bis zum Mono-Bach ist so groß, dass der Kommissar sechzig Tage nach der Markierung als Frist für Eintragung der Mutungen festgesetzt hat. Jetzt sind auch alle Mutungen eingetragen, mit Ausnahme von Claim 3. Es war Cyrus Johnson, der es abgesteckt hatte. Und das war auch alles, was er getan hat Seitdem ist er nämlich spurlos verschwunden. Kein Mensch hier weiß, ob er gestorben oder ob er den Fluss hinauf- oder hinabgegangen ist. Jedenfalls wird in sechs Tagen die letzte Frist zum einregistrieren verstrichen sein. Dann wird es bekommen, wer es abgesteckt hat, als erster Dawson erreicht und es dort einregistrieren lässt.«

»Eine Million Dollar«, murmelte Kid.

»Gilchrist, der den zweiten Claim oberhalb des Finderclaims bekommen hat, hat mit einer einzigen Pfanne aus dem Flussbett sechshundert Dollar erzielt. Er hat ein Loch in den Boden gebrannt. Und das Feld unterhalb soll noch reicher sein. Das weiß ich.«

»Aber warum weiß das sonst keiner?«, fragte Kid skeptisch. »Sie fangen auch schon an, davon zu reden. Lange wurde es geheim gehalten, und erst jetzt ist es durchgesickert. In den nächsten vierundzwanzig Stunden werden gute Hundegespanne zu erschwingen sein. Jetzt müssen Sie so diskret wie möglich verschwinden, sobald wir vom Tisch aufstehen. Ich habe schon alles vorbereitet. Ein Indianer kommt mit einem Brief für Sie, den Sie lesen, und dann tun Sie, als ob es furchtbar Wichtiges wäre, entschuldigen sich und gehen.«

»Ich verstehe nicht ganz …«

»Dummkopf«, sagte sie leise. »Sie werden heute Nacht schon unterwegs sein, um sich ein paar Hundegespanne zu verschaffen. Ich weiß zwei, die zu haben sind. Da ist Hansons Gespann, sieben große Hunde von der Hudson-bucht … er verlangt vierhundert Dollar für das Stück. Das ist heute der höchste Preis, morgen wird er aber schon höher sein. Und: Sitka Charley hat acht Malemutes, für die er dreitausendfünfhundert Dollar verlangt. Morgen wird er jeden auslachen, der ihm fünftausend bietet. Und dann haben Sie ihr eigenes Gespann und müssen sich noch einige dazu verschaffen. Es wird Ihre Sache sein, sie noch heute Nacht zu bekommen. Nehmen Sie nur die besten! Es sind ebenso sehr die Hunde wie die Männer, die das Rennen gewinnen werden. Es sind hundertundzehn Meilen, und Sie müssen so oft wie überhaupt möglich die Hunde wechseln.«

»Ich sehe ja, Sie möchten gern, dass ich einen Versuch mache«, sagte Kid langsam.

»Wenn Sie nicht Geld genug für die Hunde haben, werde …«

»Ich kann die Hunde schon kaufen … aber glauben Sie nicht, dass das Spiel ein bisschen zu hoch für mich ist?«

»Nach dem, was Sie an der Roulette im ›Elch‹ geleistet haben«, erwiderte sie, »glaube ich nicht, dass Sie das zu fürchten brauchen. Es ist natürlich eine rein sportliche Leistung, auf die es ankommt, wenn Sie es so nehmen. Ein Wettlauf um eine Million und mit einigen von den besten Hundefahrern und Läufern in diesem Lande als Gegner. Sie sind freilich in diesem Augenblick noch nicht darauf vorbereitet, aber morgen um diese Zeit werden Sie es schon sein. Dann werden die Hunde so teuer sein, dass nur die reichsten Männer sich den Preis leisten können. Der Große Olaf ist in der Stadt … er kam vorigen Monat aus Circle hierher. Er ist einer der gewieftesten Hundefahrer im ganzen Land, und wenn er mitgeht, wird er der gefährlichste Gegner für Sie sein. Arizona-Bill wird auch ein schlimmer Konkurrent sein. Er ist jahrelang professioneller Schlittenfahrer und Postführer gewesen. Wenn er auch mitgeht, wird das Hauptinteresse sich auf ihn und den Großen Olaf richten.«

»Und da wollen Sie, dass ich sozusagen als Außenseiter mitlaufe?«

»Vollkommen richtig! Und das wird auch seine Vorteile haben. Von Ihnen wird man nicht erwarten, dass Sie das Rennen gewinnen. Sie wissen ja selbst, dass Sie noch immer als Chechaquo betrachtet werden! Sie sind noch keine vier Jahre hier. Niemand wird Notiz von Ihnen nehmen, ehe Sie die Führung der letzten Strecke auf dem Heimweg übernommen haben.«

»Und auf dieser letzten Strecke soll der Außenseiter also zeigen, dass er in guter Form ist.«

Sie nickte und sprach dann ernst weiter:

»Vergessen Sie nicht, dass ich mir nie verzeihen kann, Sie

am Squaw-Bach hinters Licht geführt zu haben, und dass ich das erst tun kann, wenn Sie den Claim am Mono-Bach gewinnen. Und wenn es jemand gibt, der das Rennen gegen die alten Leute gewinnen kann, dann sind Sie es.«

Es war die Art, wie sie es sagte … er fühlte einen warmen Strom seinen Körper durchfluten und ihm Kopf und Herz heiß machen. Dann warf er einen schnellen, prüfenden Blick auf ihr Gesicht – ohne es zu wollen, und doch voller Ernst. Und im selben Augenblick, in dem er ihren Augen begegnete, die ihn fest ansahen, ehe sie sich wieder senkten, glaubte er etwas in ihnen zu lesen, das ihm unendlich wertvoller war als der Claim, den Cyrus Johnson zu registrieren vergessen hatte.

»Ich werde es tun«, sagte er. »Und ich werde gewinnen.«

Das frohe Aufleuchten ihrer Augen schien ihm einen köstlicheren Preis zu versprechen als alles Gold des Mono-Baches. Er bemerkte eine Bewegung ihrer Hand, die ihm am nächsten lag. Vom Tischtuch verborgen, streckte er ihr unwillkürlich die seine entgegen und empfand selig den leisen und warmen Druck von den Fingern einer Frau. Und wieder durchspülte eine Woge von Wärme seinen Körper.

»Was wird Kurz sagen?«, war der nächste Gedanke, der heiter und neckisch durch sein Gehirn blitzte, als er seine Hand vorsichtig wieder zurückzog. Fast eifersüchtig sah er die Gesichter v. Schroeders und Jones an und sann erstaunt darüber nach, ob sie denn nicht entdeckt hatten, welch herrliche, seltene Frau hier neben ihm saß.

Ihre Stimme riss ihn aus seinen Träumen, und er musste feststellen, dass sie schon einige Minuten sprach, ohne dass er zugehört hatte.

»Sie sehen also, Arizona-Bill ist ein weißer Indianer«, erzählte sie. »Und der Große Olaf ist … nun, er ist ein Mann, der mit einem Bären ringen kann, ein König der Schneefelder, ein mächtiger Herrscher der wilden Einöden. Er kann laufen und durchhalten, wie nur die Indianer es können, und er hat nie ein anderes Leben kennengelernt als das im Eis und in der Wildnis.«

»Von wem sprechen Sie?«, fragte Hauptmann Consadine über den Tisch hinweg.

»Vom Großen Olaf«, antwortete sie. »Ich erzählte Herrn Bellew eben, dass er ein so glänzender Läufer ist.«

»Da haben Sie wirklich recht«, bestätigte Hauptmann Consadine mit seiner mächtigen Stimme. »Der Große Olaf ist der beste Läufer in ganz Yukon. Ich würde gegen den Teufel selbst auf ihn setzen, wenn es sich um Fahrten durch Eis und Schnee handelte. Er war es ja, der 1895 die Regierungsdepeschen herbrachte, nachdem zwei Kuriere am Chileoot erfroren und der dritte im offenen Wasser bei den ›Dreißig Meilen‹ ertrunken war.«

Auf der Fahrt nach dem Mono-Bach hatte Kid sich nicht übereilt, weil er fürchtete, seine Hunde abzuhetzen, bevor das entscheidende Rennen begann. Er hatte außerdem die Gelegenheit benutzt, um jede Meile des Weges kennenzulernen und die Stellen auszuwählen, wo er die Hunde wechseln wollte. So viele Männer wollten an dem Rennen teilnehmen, dass die ganze Strecke von hundertundzehn Meilen fast wie ein einziges zusammenhängendes Dorf aussah. Überall am Wege waren Relaisstationen eingerichtet, Herr v. Schroeder, der sich ausschließlich des Spaßes halber an dem Rennen beteiligte, hatte nicht weniger als elf Hundegespanne … also ein Gespann auf je zehn Meilen. Arizona-Bill musste sich mit acht Gespannen begnügen, der Große Olaf mit sieben und Kid mit ebenso vielen. Außer ihnen waren mehr als drei Dutzend Männer beteiligt. Selbst hier im Goldenen Norden betrug der Preis eines Hundewettrennens nicht jeden Tag eine ganze Million. Das Land war völlig reingefegt von Hunden. Kein Tier von irgendwie vernünftiger Schnelligkeit und Ausdauer war dem feinzähnigen Kamm entgangen, der die Bäche und Goldlager gestriegelt hatte. Die Preise für Gespanne waren auf das Doppelte und Vierfache gestiegen, solange diese wahnsinnige Spekulation anhielt.

Der dritte Claim unterhalb des Finderclaims lag zehn Meilen von der Mündung flussaufwärts. Die übrigen hundert Meilen musste man auf dem zugefrorenen Yukon zurücklegen. Auf Claim 3 waren nicht weniger als fünfzig Zelte und dreihundert Hunde untergebracht. Die alten Pfähle, die Cyrus Johnson vor sechzig Tagen eingerammt hatte, standen noch, und alle Teilnehmer hatten ein Mal über das andere die Grenzen des Claims überschritten, denn dem Rennen der Hunde ging ein Wettlauf der Männer selbst voraus. Jeder Interessent musste selbst das Claim für sich abzeichnen, und das bedeutete, dass er zwei Mittelpfähle und vier Eckpflöcke einrammen und den Bach zweimal überqueren musste, ehe er mit seinen Hunden nach Dawson fahren konnte.

Außerdem war es so geregelt, dass keiner dem andern zuvorkommen konnte. Erst wenn es Freitagnacht zwölf schlug, wurde das Claim für den Neuerwerb geöffnet, es war also erst nach Mitternacht erlaubt, Pfähle einzurammen.

So hatte der Goldkommissar von Dawson die Sache organisiert, und Hauptmann Consadine hatte eine Schwadron der berittenen Polizei hinausgeschickt, um dafür zu sorgen, dass man sich nach dieser Bestimmung richtete.

Es hatten auch eifrige Diskussionen stattgefunden, ob man sich nach der Zeitangabe der Polizei oder nach der Sonnenzeit zu richten hätte, aber Hauptmann Consadine hatte die Entscheidung getroffen, dass die polizeilichen Zeitangaben maßgebend seien, und, um jedem Streit vorzubeugen, hatte er ferner angeordnet, dass man sich nach der Uhr des Leutnants Pollock zu richten hätte.

Der Weg führte durch das ebene Flussbett, und da dieses nur zwei Fuß breit war, glich es eher einer engen Rinne, die auf beiden Seiten von dem Schnee dreier Monate wie von einer hohen Wand eingerahmt wurde. Kein Wunder, dass alle sich mit dem Problem beschäftigten, wie mindestens vierzig Schlitten und dreihundert Hunde auf einer so engen Bahn starten sollten.

»Pfui Deibel«, sagte Kurz. »Das wird das saumäßigste Holterdiepolter, das es je gegeben hat. Ich sehe keinen andern Ausweg, Kid, als brutale Kraft anzuwenden und sich mit Fäusten und Ellbogen durchzuschlagen. Selbst wenn der ganze Bach schneefrei wäre, böte er doch kaum Platz für zwölf Gespanne. Mein Riecher sagt mir, dass es eine mordsmäßige Keilerei geben wird, ehe das Rennen losgeht. Und wenn es dazu kommt, musst du es mir überlassen, die Keile auszuteilen.«

Kid zuckte die Achseln und lachte vielsagend.

»Um Gottes willen, halt die Finger davon«, rief sein Partner erschrocken. »Was auch geschieht, du darfst dich nicht hineinmischen. Du kannst die Hunde nicht hundert Meilen mit zerschundenen Knöcheln fahren … und das wird es bedeuten, wenn du dich an der Keilerei beteiligst.«

Kid nickte.

»Du hast recht, Kurz. Ich will unsere Chance nicht dadurch verderben.«

»Und vergiss nicht«, fügte Kurz hinzu, »dass ich die ersten zehn Meilen schaffen muss, während du es dir so bequem wie nur möglich machst. Ich werde dich schon bis zum Yukon durchschleppen. Dann musst du mit den Hunden den Rest schaffen … Sag mal, was, glaubst du, hat der Schroeder vor? Er hat sein erstes Gespann eine Viertelmeile flussaufwärts aufgestellt und will es an einer grünen Laterne erkennen. Aber wir werden ihm die Kunst schon ablauschen! Wir werden uns ein rotes Licht anschaffen.«

Der Tag war klar und kalt gewesen, aber gegen Abend hatte eine Decke von Wolken den Himmel verhüllt. Als die Nacht kam, wurde es warm und dunkel, und eine Andeutung von Schnee lag in der Luft. Das Thermometer zeigte fünfzehn Grad unter null – und in Klondike betrachtet man eine Wintertemperatur von nur fünfzehn Grad Kälte als mild. Wenige Minuten vor Mitternacht verließ Kid Kurz, der mit den Hunden etwa fünfhundert Meter flussabwärts stehen blieb, und schloss sich den vielen Bewerbern um Claim 3 an. Es waren im Ganzen fünfundvierzig, die an dem Wettrennen um die Million teilnehmen wollten, welche Cyrus Johnson hinterlassen hatte, als er sich in sein eisiges Grab legte. Alle hatten sechs Pflöcke und einen schweren hölzernen Hammer bei sich und trugen eine kittelartige Parka aus schwerem Drillich.

Leutnant Pollock stand in seinem dicken Bärenpelz da und sah beim Schein einer Laterne auf die Uhr. Es fehlte noch eine Minute an zwölf.

»Achtung!«, rief er und hob den Revolver in seiner Rechten, während er den Sekundenzeiger der Uhr beobachtete, der seine letzte Runde vor Mitternacht machte.

Die fünfundvierzig Kapuzen der Parkas wurden zurückgeschlagen. Fünfundvierzig Händepaare zogen die Fäustlinge aus. Fünfundvierzig Fußpaare drückten sich fest und energisch in den hartgetretenen Schnee. Und fünfundvierzig Pflöcke wurden in den Schnee gesteckt, während ebenso viele Hämmer sich hoben.

Der Schuss knallte. Die Hammerschläge erdröhnten – Cyrus Johnsons Anrecht auf die Million war erloschen. Um völlige Verwirrung zu vermeiden, hatte Leutnant Pollock bestimmt, dass zuerst der untere Mittelpflock, dann der südöstliche und in derselben Reihenfolge die andern, der obere Mittelpflock aber unterwegs gerammt werden sollte.

Kid schlug seinen ersten Pflock und lief als einer der Ersten weiter. An den Ecken brannten Feuer, und an jedem Feuer stand ein Polizist, der die Namen der Läufer in eine Liste eintrug, die er in der Hand hielt. Jeder musste ihm seinen Namen nennen und sein Gesicht zeigen. Es sollte nach Möglichkeit verhindert werden, dass jemand einen andern an seiner statt die Pfahle einrammen ließ, während er selbst schon nach der Stadt unterwegs war.

An der ersten Ecke schlug v. Schroeder seinen Pflock

neben den Kids ein. Sie gebrauchten gleichzeitig ihre Hämmer. Während sie noch hämmerten, kamen andre hinzu, und zwar so ungestüm, dass einer dem andern im Wege stand und ein verworrenes Hin- und Hergestoße veranlasste. Während Kid sich den Weg durch die Menge bahnte, um dem Polizisten seinen Namen zu nennen, sah er, wie der Baron mit einigen von den andern Läufern zusammenstieß, den Halt verlor und in den Schnee fiel. Kid wartete indessen nicht ab, dass er wieder auf die Beine kam. Andere waren ihm schon zuvorgekommen. Im Schein des erlöschenden Lichtes sah er den mächtigen Rücken des Großen Olaf, und an der südwestlichen Ecke rammte er seinen Pflock neben dem Olafs ein. Es war durchaus keine leichte Aufgabe, dieses Hindernisrennen. Die Grenzen des Claims hatten eine Gesamtlänge von fast einer Meile, und der größte Teil des Rennens ging über eine unebene, verschneite Fläche, die voll von großen Knorren war. Um Kid herum stolperten und strauchelten die Männer, und mehrmals fiel er selbst kopfüber hin und kroch auf allen vieren herum. Einmal stürzte der Große Olaf unmittelbar vor ihm und riss ihn im Fall mit, sodass sie aufeinander zu liegen kamen.

Der oberste Mittelpfahl wurde unmittelbar am Rande des Uferhangs eingerammt, und dann wälzten sich die Läufer den Hang hinab, über das gefrorene Flussbett und das andere Ufer hinauf. Als Kid hier herumkroch, packte ihn eine Hand am Fußgelenk und zog ihn zurück. Im flackernden Schein des fernen Feuers konnte er das Gesicht des Mannes nicht sehen, der ihm diesen Streich gespielt hatte. Aber Arizona-Bill, dem dasselbe geschehen war, stand auf und versetzte dem Angreifer einen Faustschlag ins Gesicht. Kid sah und hörte das, während er sich noch bemühte, auf die Beine zu kommen, aber im selben Augenblick bekam er selbst einen Faustschlag, sodass er halb bewusstlos in den Schnee taumelte. Er kam jedoch wieder hoch und merkte sich den Mann, der es getan hatte.

Er hob schon die Faust, um ihm eins auszuwischen, als er sich der Warnung Kurz' erinnerte und sich beherrschte.

Im nächsten Augenblick wurde er aber unterhalb des Knies von einem Körper getroffen, der gegen ihn fiel, und stürzte wieder zu Boden.

Das gab ihm einen Vorgeschmack von dem, was geschehen sollte, wenn die Männer ihre Schlitten erreichten. Immer wieder strömten Leute vom andern Ufer herbei und stürzten sich ins Getümmel. Haufenweise kletterten sie den Hang herauf, und haufenweise wurden sie von ihren ungeduldigen Nebenbuhlern zurückgezerrt Es fielen viele Schläge, unzählige Flüche entstiegen dem Klumpen keuchender Männer, die noch so viel Luft hatten, dass sie etwas entbehren konnten, während Kid, der seltsamerweise das Gefühl hatte, als schwebte Joys Gesicht immer vor seinen Augen, von ganzem Herzen hoffte, dass die Hammer nicht als Kampfwaffen benutzt werden würden. Ein Mal über das andere wurde er umgestoßen, mit Füßen getreten, oft musste er im tiefen Schnee nach den Pflöcken suchen, aber schließlich gelang es ihm, aus dem Knäuel herauszukommen, sodass er den Hang etwas weiter abwärts erklettern konnte. Freilich taten viele andere dasselbe, und es war ihm nicht möglich, zu verhindern, dass ihn viele bei dem Rennen um die nordwestliche Ecke überholten.

Als er die Hälfte des Weges nach der vierten Ecke hinter sich hatte, stellte ihm jemand ein Bein; er flog weit hin und verlor seinen letzten Pflock. Mindestens fünf Minuten suchte er im Dunkeln, bis er ihn wiedergefunden hatte, und während dieser ganzen Zeit hasteten die keuchenden Männer an ihm vorbei. Aber von der letzten Ecke bis zum Bach begann er mehrere zu überholen, denen das Rennen über eine Meile doch zu viel gewesen war. Unten auf dem Bach selbst herrschte das wildeste Tohuwabohu. Ein Dutzend Schlitten war ineinander gefahren und umgekippt, und fast hundert Hunde befanden sich in einer wilden Keilerei. Dazwischen bemühten sich Männer, die ineinander verstrickten Tiere wieder ans dem verworrenen Haufen zu ziehen, und schlugen mit ihren Hämmern auf sie los. Kid sah es nur flüchtig, im Vorbeilaufen, aber er fragte sich, ob Doré je ein Bild von einer ähnlichen grotesken Unheimlichkeit gezeichnet hätte. Er sprang von der überfüllten Verkehrsstraße den Abhang ein Stück hinunter und erreichte die festgetretene Schlittenbahn, wo er schneller laufen konnte. Hier war der Schnee neben dem Wege an zahlreichen Stellen festgestampft, sodass eine ganze Reihe von Lagerplätzen gebildet war, wo Schlitten und Männer standen und auf die Wettläufer warteten, die noch nicht abgefahren waren. Hinter sich hörte Kid das Heulen und Stampfen laufender Hunde und hatte eben noch Zeit, in den tiefen Schnee neben dem Wege zu springen, als der Schlitten schon vorbeihuschte; er konnte den Mann sehen, der, auf den Knien liegend, die Hunde wie ein Rasender anfeuerte. Aber kaum war der Schlitten vorbei, als er mitten in einem wilden Kampfgetümmel stecken blieb. Die aufgeregten Hunde eines anderen Schlittens, die neben dem Wege warteten und eifersüchtig auf die Tiere waren, die vorbeiliefen, hatten sich losgerissen und waren auf sie losgesprungen.

Kid bog um sie herum und schlüpfte glücklich vorbei. Er konnte die grüne Laterne v. Schroeders und daneben das rote Licht sehen, das sein eigenes Gespann kenntlich machte. Zwei Männer überwachten das Gespann Schroeders und streckten große Knüppel abwehrend vor sich aus.

»Hierher, Kid, hierher!«, hörte er Kurz ängstlich rufen.

»Ich komme schon«, keuchte er zurück.

Bei dem roten Schein sah er, dass der Schnee aufgewühlt und voller Fußstapfen war, und aus der Art, wie sein Freund keuchte, konnte er schließen, dass es einen schweren Kampf gegeben hatte.

Er taumelte zum Schlitten, und im selben Augenblick, da er sich hinwarf, knallte Kurz mit der Peitsche und rief:

»Hü, ihr Deubel, hü!«

Die Hunde sprangen in die Sielen, und mit einem Ruck glitt der Schlitten fort. Es waren große Tiere – Hansons Preisgespann von der Hudson Bay –, und Kid hatte sie für die erste Strecke, die zehn Meilen des Mono-Bachs, dann den sehr ungangbaren Richtweg über die Ebene an der Mündung und endlich die ersten zehn Meilen am Yukon gewählt. »Wie viele sind uns voraus?«, fragte er.

»Schnauze halten und Puste sparen«, antwortete Kurz, »hü, ihr Bestien, hü, zum Teufel, hü!«

Er lief hinter dem Schlitten her, durch ein kurzes Seil daran festgebunden. Kid konnte weder ihn noch den Schlitten, auf dem er lag, sehen. Die Feuer verschwanden schon weit hinter ihnen, und sie sausten, so schnell die

Hunde laufen konnten, durch eine Mauer von schwarzer Dunkelheit dahin. Diese Finsternis war fast klebrig; sie war zu einer festen Materie geworden.

In einer scharfen Kurve merkte Kid, wie der Schlitten nach der Seite kippte und nur auf einer Kufe lief; von vorne hörte er das Fauchen von Tieren und die Flüche streitender Männer. Später wurde diese Episode die »Barnes-Slocum-Kollision« genannt. Es waren nämlich die Gespanne dieser beiden, die zuerst ineinander fuhren, und in sie sausten dann Kids sieben große Kampfhunde in voller Fahrt hinein. Sie waren kaum etwas Anderes als halbgezähmte Wölfe, und die Aufregung der Nacht am Klondike hatte schon in allen Tieren die Kampflust erweckt. Die Klondike-Hunde werden ohne Zügel gefahren, können also nur durch Zurufe angehalten werden. Es war daher ganz unmöglich, dem wilden Kampfgetümmel in der Enge des Bachbettes ein Ende zu machen. Hinter ihnen kamen Schlitten auf Schlitten und sausten in das Chaos hinein. Männer, die ihre Gespanne schon aus dem Knäuel befreit hatten, wurden von neuen Lawinen ankommender Schlitten überrannt.

Und dabei waren all diese Hunde wohl genährt, gut ausgeruht und kampflustig.

»Hier gibt es nur eins: Losschlagen, sich hinaushauen und durchstoßen«, heulte Kurz seinem Kameraden ins Ohr. »Und pass gut auf deine Hände auf. Das Dreschen überlass mir.«

Kid wusste später nie genau, was eigentlich in der nächsten halben Stunde geschah. Aber schließlich tauchte er doch aus dem Knäuel auf, völlig erschöpft nach Luft schnappend. Das Kinn schmerzte von einem Fausthieb, die eine Schulter war von einem Hammerschlag zerquetscht, das Blut lief in einem warmen Strom über sein Bein, das von den Fängen eines Hundes verwundet worden war. Beide Ärmel seiner Parka waren zerfetzt. Wie im Traume half er Kurz die Hunde wieder anzuschirren, während die Schlacht hinter ihnen weitertobte. Einen sterbenden Hund schnitten sie aus den Strängen und bemühten sich eifrig in der Dunkelheit, das zerrissene Geschirr wieder instand zu setzen.

»Jetzt legst du dich hin und sorgst dafür, dass du wieder Luft kriegst«, befahl Kurz.

Und dann sausten die Hunde wieder durch die dunkle Nacht. Ihre Kräfte waren noch frisch und unverbraucht, und so liefen sie schnell den Mono-Bach hinab und schlugen die Richtung nach dem Yukon ein. Hier, wo sie wieder die ausgefahrene Schlittenbahn erreichten, hatte irgendjemand ein Feuer angezündet, und hier verabschiedete sich auch Kurz von Kid. Und hier, beim Schein des flackernden Feuers, hatte Kid wieder ein unvergessliches Bild aus dem Lande des Nordens, als der Schlitten hinter den weiterstürmenden Hunden dahinglitt. Es war das Bild seines Kameraden, der wankend dastand, bis er in den Schnee sank.

Und selbst als er erschöpft im Schnee lag, ein Auge geschwollen und von gewaltigen Faustschlägen geschlossen, die Knöchel blutig und zerschlagen, den einen Arm von den Fängen der kampfwilden Hunde zerrissen, sodass ein Strom von Blut sich über ihn ergoss – selbst da noch spornte er seinen Freund durch Zurufe an.

»Wie viele sind noch vor mir?«, fragte Kid, als er auf der ersten Station die ermüdeten Hudsonbucht-Hunde sich hinlegen ließ und auf den wartenden Schlitten sprang.

»Ich habe elf gezählt!«, rief der Mann ihm nach, denn Kid war mit seinen eilenden Hunden schon weit weg. Sie sollten ihn fünfzig Meilen weit über die nächste Wegstrecke bringen, bis er die Mündung des Weißen Flusses erreichte. Es waren nicht weniger als neun Hunde, aber es war trotzdem sein schlechtestes Gespann. Die fünfundzwanzig Meilen vom Weißen Fluss bis zu den »Sechzig Meilen« hatte er in zwei Strecken eingeteilt, weil dort viel Packeis lag. Für diese Strecken hatte er seine beiden kräftigsten Gespanne bereitgestellt.

Er lag ausgestreckt, das Gesicht nach unten, auf dem Schlitten und hielt sich mit beiden Händen fest. Sobald die Hunde in der höchsten Schnelligkeit nachließen, erhob er sich auf die Knie, wobei er sich vorsichtig mit der einen Hand festhielt, und trieb sie mit Worten und Peitschenschlägen an. Obgleich es ein minderwertiges Gespann war, hatte er doch, bevor er den Weißen Fluss erreichte, zwei Schlitten überholt. Hier hatte bei dem Zufrieren des Flusses das Packeis eine Schranke gebildet, sodass das Wasser auf einer Strecke von mehr als einer halben Meile unterhalb der Barriere zu einer ganz glatten Fläche hatte gefrieren können. Das ermöglichte den Wettfahrern, die Schlitten im Fahren zu wechseln, und auf dem Wege unterhalb des Packeises stand deshalb ein Ersatzschlitten neben dem andern.

Als Kid über das Packeis auf die glatte Eisebene hinausfuhr, rief er immer wieder laut: »Billy … Billy …«

Billy hörte seinen Ruf und gab Antwort. Im Schein der

vielen Feuer, die auf dem Eise brannten, sah Kid einen Schlitten von der Seite her gerade auf sich zukommen. Die Hunde waren ausgeruht und überholten ihn. Als die beiden Schlitten nebeneinanderliefen, sprang er auf den neuen hinüber, während Billy sich sofort fallen ließ.

»Wo ist der Große Olaf?«, rief Kid.

»An der Spitze«, gab Billys Stimme zur Antwort.

Und schon lagen die vielen Feuer hinter ihm, und Kid sauste weiter durch die schwere Dunkelheit.

Im Packeis dieser Strecke, als der Weg ihn durch ein Chaos von hochkant stehenden Eisschollen führte, ließ sich Kid vom Schlitten gleiten, spannte sich selbst vor und lief neben den Hunden her. Dennoch überholte er drei Schlitten. Sie hatten Unfälle gehabt, und er hörte die Männer laut fluchen, während sie die Hunde aus dem Geschirr schnitten, um es reparieren zu können.

Als er über das Packeis der nächsten Strecke nach den »Sechzig Meilen« fuhr, überholte er wieder zwei Schlitten. Aber es sollte ihm selber auch nicht besser ergehen, denn einer seiner Hunde verrenkte sich die Schulter, sodass Kid nicht weiterfahren konnte und das Gespann anhielt. Die andern Hunde waren erbost und griffen ihren Genossen mit den Fängen an, sodass Kid genötigt war, sie mit dem dicken Ende seiner Peitsche zurückzutreiben.

Als er das verletzte Tier vom Strang schnitt, hörte er das Heulen andrer Hunde hinter sich und die Stimme eines Mannes, die ihm bekannt vorkam. Es war Herr von Schroeder. Kid stieß einen warnenden Ruf aus, um einen Zusammenstoß zu vermeiden. Der Baron rief seinen Hunden etwas zu, legte die Steuerstange um, und es gelang ihm, in einem Abstand von wenigen Fuß vorbeizuschlüpfen. Aber so undurchdringlich war die Dunkelheit, dass Kid ihn wohl vorbeifahren hörte, aber nicht sah.

Auf der ebenen Eisfläche bei der Handelsstation von »Sechzig Meilen« überholte Kid noch zwei Schlitten. Alle drei hatten hier die Gespanne gewechselt, und fünf Minuten lang fuhren sie Seite an Seite; die Männer auf den Knien liegend, während sie die Hunde durch Rufe und Peitschenhiebe antrieben. Kid hatte sich diese Strecke besonders genau eingeprägt und bemerkte jetzt den hohen Fichtenbaum, der in dem schwachen Schein der vielen Feuer nur undeutlich zu erkennen war.

Hinter dem Baum, wo es wieder ganz dunkel wurde, hörte die glatte Fläche plötzlich auf. Kid wusste auch, dass der Weg sich dort verengte, sodass nur für einen Schlitten Platz war. Er beugte sich vor, ergriff den Strang und zog den Schlitten an den letzten Hund heran.

Er ergriff das Tier an dem einen Hinterbein und warf es um. Unter wütendem Bellen versuchte es ihn zu beißen, aber die andern Hunde zogen es weiter. Es hatte doch mit Erfolg als Bremse gewirkt, und die beiden andern Schlitten, die noch immer nebeneinanderliefen, sausten vor ihm in die schmale Passage hinein. Kid hörte das Krachen und das Getümmel, als sie zusammenstießen. Schnell gab er den Deichselhund wieder frei, sprang an die Steuerstange und ließ das Gespann rechts in den weichen Schnee einschwenken, wo die Hunde bis an den Hals versanken. Es war eine anstrengende Arbeit, aber er kam an den festgefahrenen Schlitten vorbei und erreichte weiter vorne wieder den festgetretenen Weg.

Von den »Sechzig Meilen« ab hatte Kid sein zweitschlechtestes Gespann. Obgleich es sonst an sich eine gute Strecke war, hatte er sich doch entschlossen, es nur fünfzehn Meilen weit zu benutzen. Zwei weitere Gespanne sollten ihn dann nach Dawson und dem Büro des Goldkommissars bringen, und für diese Strecke hatte Kid die beiden besten Gespanne bestimmt. Sitka Charley selbst wartete auf ihn mit seinen acht Malemutes, die Kid die nächsten zwanzig Meilen fahren sollten. Das Schlussrennen wollte er dann mit seinen eigenen Hunden machen, die ihn fünfzehn Meilen fahren mussten ... es war dasselbe Gespann, das er den ganzen Winter gebraucht hatte und das mit ihm auf der Suche nach dem Überraschungssee gewesen war.

Die beiden Männer, die er bei den »Sechzig Meilen« nach dem Zusammenstoß hinter sich ließ, überholten ihn nicht wieder, anderseits aber gelang es auch seinem Gespann nicht, einen der drei Schlitten einzuholen, die noch immer an der Spitze waren. Wenn es seinen Tieren auch an Kraft und Schnelligkeit fehlte, so waren sie doch willig, und er brauchte sie nicht anzutreiben, damit sie ihr Bestes hergaben. Kid hatte nichts zu tun, als ruhig, das Gesicht nach unten, auf dem Schlitten zu liegen und sich mit beiden Händen anzuklammern. Ein Mal über das andere tauchte er aus der Dunkelheit im Lichtkreis eines flackernden Feuers auf, sah im Vorbeifahren pelzgekleidete Männer, die bei wartenden Hundegespannen standen, und tauchte dann wieder in der Finsternis unter. Meile auf Meile sauste er dahin, ohne etwas andres zu hören als das Knirschen und Kreischen der Kufen über den Schnee. Fast automatisch hielt er sich fest, während der Schlitten vorwärts sauste, in die Luft geschleudert wurde oder bei den Wegbiegungen halb umkippte. Immer wieder tauchten unterwegs drei Gesichter in seinem Bewusstsein auf: das Joy Gastells, lachend und kühn, das seines Freundes Kurz, zerschlagen und blutig nach der Schlacht am Mono-Bach, und das John Bellews, gefurcht und abgehärtet, wie in Eisen gegossen, unerbittlich in seiner Strenge. Und hin und wieder fühlte Kid das Bedürfnis, in laute Rufe auszubrechen, eine wilde Jubelhymne anzustimmen, wenn er sich der Redaktion der »Woge« erinnerte, oder an die lange Erzählung aus San Franzisko, die er nie zu Ende gebracht hatte, oder wenn er an all die andern Nichtigkeiten jener tatenlosen Tage dachte.

Als er seine erschöpften Hunde gegen die acht Malemutes auswechselte, brach der graue Morgen an. Sie waren leichter als die Hudson-Bai-Hunde und waren auch entsprechend schneller. Sie besaßen die geschmeidige Unermüdlichkeit echter Wölfe. Sitka Charley rief ihm die Reihenfolge nach, in der die Schlitten vor ihm fuhren. Der Große Olaf führte, Arizona-Bill war der Zweite, Baron von Schroeder der Dritte. Sie waren die drei besten Schlittenfahrer im Lande. Tatsächlich hatten die Leute schon ehe Kid Dawson verließ, in derselben Reihenfolge auf die drei gesetzt. Während sie selbst ihr Rennen um eine Million machten, betrug der Einsatz. den andre auf sie setzten, schon fast eine halbe Million. Kein Einziger hatte auf Kid gesetzt, wurde er doch trotz seinen verschiedenen Fahrten, die ihm einen gewissen Ruf verschafft hatten, noch immer als ein Chechaquo betrachtet, der noch viel zu lernen hatte.

Als es heller wurde, sah Kid vor sich einen Schlitten, und nach einer halben Stunde war sein Führerhund schon unmittelbar dahinter. Erst als der Mann den Kopf wandte, um ihm einen Gruß zuzurufen, sah Kid, dass es Arizona-Bill war. Herr von Schroeder hatte ihn offenbar überholt. Der festgetretene Pfad durch den weichen Schnee war zu schmal, und eine zweite halbe Stunde war Kid deshalb genötigt, hinter ihm zu bleiben. Dann fuhren sie über Packeis und schwenkten auf eine glatte Ebene ein, wo mehrere Relaisstationen errichtet waren und man den Schnee überall in weitem Umkreis festgetreten hatte. Kid trieb seine Tiere an; er lag auf den Knien und knallte unter lauten Zurufen mit der Peitsche. Er bemerkte, dass der rechte Arm Arizona-Bills unbeweglich herabhing und dass er gezwungen war, die Peitsche mit der Linken zu schwingen. So unbequem es auch war, konnte er sich nicht am Schlitten festhalten und musste deshalb hin und wieder die Peitsche hinlegen und sich mit der linken Hand festhalten, um nicht vom Schlitten zu fallen. Kid erinnerte sich des Kampfes im Flussbett beim Claim 3 und verstand, was los war. Der Rat, den Kurz ihm gegeben hatte, war wirklich sehr klug gewesen.

»Was ist geschehen?«, fragte er, als er den andern einholte.

»Weiß nicht!«, antwortete Arizona-Bill. »Ich glaube, ich habe mir bei einer Keilerei die Schulter verrenkt.« Nur mit größter Mühe gelang es Kid, ihn zu überholen, als aber die letzte Relaisstation in Sicht kam, war Arizona-Bill immerhin um eine halbe Meile hinter ihm. Vor sich konnte Kid den Großen Olaf und Herrn von Schroeder nebeneinander sehen. Wieder hob Kid sich auf die Knie und hetzte seine erschöpften Hunde zu einer letzten verzweifelten Anstrengung, wie es nur einem Manne möglich ist, der mit dem sicheren Instinkt des Hundefahrers geboren ist. Er kam unmittelbar an den Schlitten von Schroeders heran, und in dieser Reihenfolge sausten die drei Schlitten über die glatte Fläche unterhalb einer Ansammlung von Packeis, wo viele Männer mit wartenden Gespannen standen. Die Entfernung bis Dawson betrug jetzt nur noch fünfzehn Meilen.

Herr von Schroeder, der jede zehnte Meile das Gespann wechselte, hatte das auch fünf Meilen vorher getan und sollte erst nach weiteren fünf Meilen ein neues Gespann übernehmen. Er fuhr also mit voller Geschwindigkeit weiter. Der Große Olaf und Kid wechselten im Fahren die Schlitten, und ihre frischen Gespanne holten gleich wieder den Vorsprung, den der Baron inzwischen erobert hatte, auf. Es gelang dem Großen Olaf, vorbeizukommen, und Kid folgte ihm auf der engen Bahn.

»Gut, aber nicht gut genug«, zitierte Kid in Gedanken Herbert Spencer.

Herrn von Schroeder, der jetzt hinter ihm war, brauchte er nicht mehr zu fürchten, aber vor sich hatte er den besten Hundefahrer des ganzen Landes. Ihn zu überholen, schien fast unmöglich. Immer und immer wieder, ein Mal über das andere, brachte Kid seinen Leithund direkt an den Schlitten des anderen heran, aber jedes Mal machte auch der Große Olaf eine letzte Kraftanstrengung, und es gelang ihm immer wieder, den Abstand zu vergrößern. Kid musste sich darauf beschränken, sich dicht hinter ihm zu halten, und er tat es mit grimmiger Energie. Das Rennen war nicht verloren, solange keiner gewonnen hatte, und auf einer Strecke von fünfzehn Meilen konnte noch allerlei geschehen.

Drei Meilen vor Dawson geschah auch wirklich etwas

Unerwartetes. Zu Kids großer Überraschung hob der Große Olaf sich auf die Knie und begann mit Flüchen und Peitschenhieben die letzte Unze Kraft aus seinen Hunden herauszupressen. Es war eine Anspannung, die eigentlich den letzten hundert Metern und nicht dem Beginn des Drei-Meilen-Schlussrennens hätte vorbehalten bleiben müssen. Obgleich es der reine Hundemord war, musste Kid doch seinem Beispiel folgen. Sein eigenes Gespann war prachtvoll. Keine Hunde am Yukon hatten je schwerere Arbeit geleistet, aber keine waren auch besser in Form. Außerdem hatte Kid viel mit ihnen zusammen erlebt, hatte mit ihnen gegessen und geschlafen und kannte jeden Einzelnen durch und durch, kannte ihre Eigenarten und wusste, wie man die Intelligenz der Tiere aufpeitschen und den äußersten Grad von Willigkeit aus ihnen herausholen konnte.

Wieder krochen sie über Packeis, und wieder kamen sie auf die glatte Ebene. Der Große Olaf war nur um fünfzig Fuß voraus.

Da schoss ein Schlitten heran und sauste ihnen entgegen, und mit einem Schlage verstand Kid die furchtbare Anspannung des Großen Olaf. Er hatte nur versucht, einen Vorsprung zu gewinnen, um das Gespann wechseln zu können. Dieses frische Gespann, das hier wartete, um ihn die letzte Strecke des Heimweges zu fahren, war eine besondere Überraschung, die er sich vorbehalten hatte. Selbst die Männer, die ihr Geld auf ihn gesetzt, hatten nichts davon gewusst.

Kid kämpfte wie ein Verzweifelter, um vorbeizukommen, ehe der andere den Schlitten gewechselt hatte. Er hetzte seine Hunde vorwärts, bis er die fünfzig Meter, die zwischen den beiden lagen, überwunden hatte. Durch Zurufe und Peitschenhiebe gelang es ihm, den andern einzuholen, sodass sein Leithund Seite an Seite mit dem letzten Hund des Großen Olaf lief. Auf der anderen Seite lief der Relaisschlitten. So schnell fuhren sie alle drei, dass der Große Olaf den Sprung auf den Relaisschlitten nicht wagen durfte. Wenn er zu kurz sprang und stürzte, übernahm Kid die Führung, und das Rennen war verloren.

Der Große Olaf versuchte einen Vorsprung zu erreichen, er trieb die Hunde prachtvoll an, aber Kids Leithund hielt sich noch immer neben dem Deichselhund des anderen. Eine halbe Meile liefen die drei Schlitten Seite an Seite. Sie näherten sich dem Ende der glatten und dem Anfang einer ganz schmalen Strecke, als der Große Olaf es wagte. Während die Schlitten noch nebeneinander herrasten, sprang er, und im selben Augenblick hatte er sich schon auf die Knie geworfen und trieb das frische Gespann mit Peitsche und Stimme an.

Der glatte Weg verengte sich und wurde zu einem schmalen Pfad, aber er hetzte die Hunde vorwärts und erreichte den Pfad mit einem Vorsprung von einem knappen Meter.

Aber ein Mann ist erst besiegt, wenn er ganz vernichtet ist, sagte sich Kid und trieb seine Tiere an, sosehr ihn auch der andere – wenn auch vergeblich – abzuhängen versuchte. Keins von den andern Gespannen, die Kid heute gefahren, hätte eine so tödliche Hetze ertragen, kein anderes sich mit frischen Hunden auf der Höhe halten können, kein einziges außer diesem! Aber das Rennen galt jetzt Tod und Leben, und als sie um den Hügel bei Klondike City schwenkten, spürte Kid, dass seine Tiere nachzulassen begannen. Es war freilich fast unmerkbar, dass sie zurückblieben, und nur Fuß um Fuß gelang es dem Großen Olaf, die Führung zu erlangen, bis er sich schließlich einen Vorsprung von einigen Metern erobert hatte.

Die ganze Bevölkerung von Klondike City, die sich auf dem Eise versammelt hatte, brach in begeisterte Hochrufe aus. Hier fließt der Klondike in den Yukon, und eine halbe Meile weiter, am Nordufer, lag Dawson. Die Menge brach in einen wahnsinnigen Sturm von Hochrufen aus, und Kid sah einen Schlitten, der zu ihm heransauste.

Er erkannte sofort die prachtvollen Tiere, die den Schlitten zogen. Es war Joy Gastells Gespann, und sie führte es selbst. Sie hatte die Kapuze ihrer Parka aus Eichhörnchenpelz zurückgeschlagen, sodass man das kameenhafte Oval ihres Gesichtes sehen konnte, das sich von dem Hintergrund des schweren, dunklen Haares abhob. Die Handschuhe hatte sie ausgezogen und klammerte sich mit den bloßen Händen an Peitsche und Schlitten.

»Spring«, rief sie, als ihr Leithund Kids Gespann anknurrte. Kid sprang auf den Schlitten hinter sie. Der schwankte gewaltig unter dem Gewicht seines Körpers, aber Joy hielt sich auf den Knien und schwang die Peitsche.

»Hü … Hü … vorwärts! …«, schrie sie, und die Hunde heulten und bellten vor Eifer und Anstrengung, den Schlitten des Großen Olaf einzuholen.

Und als dann der Leithund wirklich den Schlitten Olafs erreichte und sich Fuß um Fuß vorwärts arbeitete, bis die Gespanne Seite an Seite liefen, wurde die Bevölkerung von Dawson wahnsinnig vor Begeisterung.

Es war wirklich eine ungeheure Menge von Zuschauern,

denn die Männer von allen Bächen und allen Minen hatten ihr Gerät liegen lassen, um hierher zu kommen und selbst den Ausgang des Rennens zu sehen. Und ein totes Rennen über eine Strecke von hundertundzehn Meilen war Grund genug, um vor Begeisterung verrückt zu werden.

»Sobald wir die Führung haben, springe ich ab«, schrie Joy Kid über die Schulter zu.

Kid versuchte zu protestieren.

»Und achten Sie gut auf die scharfe Kurve halbwegs auf dem Hang«, warnte sie ihn.

In einem Abstand von sechs Fuß liefen die beiden Schlitten jetzt nebeneinander her, aber nur eine knappe Minute hielt der Große Olaf durch Peitsche und Stimme die Stellung, dann begannen ihn die Hunde Joys Zoll um Zoll zu überholen.

»Halten Sie sich bereit«, rief Joy Kid zu. »In einer Minute springe ich ab. Nehmen Sie die Peitsche.«

Als er die Hand frei machte, um die Peitsche zu ergreifen, hörten sie einen warnenden Ruf vom Großen Olaf, aber es war schon zu spät. Der Leithund Olafs hatte sich empört, weil er überholt wurde, und war zum Angriff übergegangen. Seine Fänge bohrten sich Joys Leithund in die Seite. Die beiden rivalisierenden Gespanne stürzten aufeinander. Die Schlitten liefen in den Knäuel der kämpfenden Tiere hinein und überschlugen sich. Kid kämpfte sich auf die Beine und versuchte Joy beim Aufstehen zu helfen. Aber sie schob ihn fort und rief ihm zu:

»Gehen Sie doch!«

Der Große Olaf, der noch immer entschlossen war, das Rennen zu gewinnen, hatte schon zu Fuß einen Vorsprung von fünfzehn Meter gewonnen. Kid gehorchte Joy, und als die beiden Männer den Fuß des Hanges bei Dawson erreichten, war er dem anderen schon auf den Fersen.

Aber auf dem Wege den Hang hinauf raffte Olaf sich mächtig zusammen, schob seinen riesigen Körper vorwärts und gewann einen neuen Vorsprung von fast vier Meter.

Das Büro des Goldkommissars lag in der Hauptstraße fünf Häuserblocks weiter. Die Straße war so voll von Menschen wie bei einer Parade. Es fiel Kid diesmal nicht so leicht, seinen großen Gegner zu erreichen, und als es ihm endlich gelang, konnte er nicht an ihm vorbeikommen. Seite an Seite liefen sie durch die schmale Rinne zwischen den festen Mauern pelzgekleideter Männer, die »Hoch!« schrien. Bald gewann der eine, bald der andere durch übermenschliche Anstrengung einen Vorsprung von vielleicht einem Zoll, aber nur, um ihn sofort wieder zu verlieren.

Hatte das Rennen die Hunde fast das Leben gekostet, so wurde es den beiden selbst nicht leichter. Aber sie liefen um den Preis einer Million und um großen Ruhm im ganzen Yukon-Land. Der einzige Eindruck von außen, dessen Kid sich von dieser letzten wahnsinnigen Strecke erinnerte, war das Erstaunen, dass es so viele Menschen in Klondike gab. Er hatte sie ja noch nie alle an einem Ort beisammen gesehen.

Er merkte, dass er gegen seinen Willen zurückblieb, und der Große Olaf kam tatsächlich fast um einen ganzen Schritt vor. Kid hatte das Gefühl, dass sein Herz bersten wollte, während er jede Empfindung in den Beinen verlor. Er wusste wohl, dass sie sich unter ihm bewegten, aber er ahnte nicht, wie er sie dazu brachte, sich zu bewegen, oder wie es ihm gelang, seinen Willen stärker auf sie wirken zu lassen, oder wie er sie zwang, ihn bis an die Seite des riesigen Nebenbuhlers zu bringen.

Vor ihnen tauchte die offene Türe des Kommissariatsbüros auf.

Beide machten eine letzte vergebliche Anstrengung, aber keinem gelang es, sich von dem anderen zu lösen, und Seite an Seite erreichten sie die Tür, stießen mit großer Gewalt gegeneinander und fielen dann beide kopfüber in das Büro hinein.

Sie setzten sich beide auf, wo sie hingefallen waren, beide zu müde, um aufzustehen. Der Schweiß strömte dem Großen Olaf über das Gesicht, er atmete schwer, rang röchelnd nach Atem, griff in die Luft und versuchte zu sprechen. Dann streckte er in unverkennbarer Absicht die Hand aus, und Kid reichte ihm die seine. Sie schüttelten sie sich kräftig.

»Es ist ein totes Rennen«, hörte Kid den Kommissar sagen, aber es war wie im Traum, und die Stimme erschien ihm unwirklich und aus weiter Ferne zu kommen. »Ich kann nur sagen, dass Sie beide gewonnen haben. Sie müssen das Claim miteinander teilen. Sie sind Kompagnons.«

Die beiden Männer hoben die Arme und ließen sie wieder sinken, um ihr Einverständnis kundzugeben. Der Große Olaf nickte nachdrücklich mit dem Kopfe und gab allerlei seltsame Laute von sich, aber schließlich gelang es ihm, herauszustoßen, was er sagen wollte.

»Sie verfluchter Chechaquo«, sagte er, aber in seinem Tonfall lag Bewunderung. »Ich weiß nicht, wie Sie es geschafft haben, aber geschafft haben Sie's.«

Vor dem Büro lärmte und brüllte die dicht gedrängte Menge, und der Raum selbst war von begeisterten Männern überfüllt. Kid und Olaf versuchten aufzustehen und halfen einander, auf die Beine zu kommen. Kid merkte, dass seine Beine ganz kraftlos waren und dass er dastand und hin und her schwankte. Dann taumelte Olaf zu ihm hin und sagte: »Es tut mir leid, dass meine Hunde Ihre überfielen.« – »Es war nichts dabei zu machen«, gab Kid stöhnend zurück. »Ich hörte, wie Sie uns warnten …«

»Aber wissen Sie«, sagte Olaf mit leuchtenden Augen. »Das Mädel da … – das war ein verdammt feines Mädel …«

»Ein ganz verdammt feines Mädel«, stimmte Kid ihm zu.

JOHN UPDIKE

Die Rettung

D a sich Mann und Sohn von Caroline Harris des ersten Skiliftsessels bemächtigt hatten, blieb ihr nichts
anderes übrig, als sich neben Alice Smith zu stellen. Der
nächste Sessel gab ihnen einen Stoß in die Kniekehlen und
riss sie aufwärts. Carolines Vater, der sich viel auf seine
Körperkraft einbildete, hatte sie in ihrer Kindheit immer
genauso brutal in Richtung der Zimmerdecke geschleudert.

Alice ließ die Haltestange zuschnappen, und sie waren
zusammengekoppelt. Es war für sie beide erniedrigend.
Weder Norman noch Timmy kamen auf die Idee, sich
umzublicken. Von hinten gesehen, kapuzenbewehrt und
speerbewaffnet, wirkten sie fast gleich, denn Timmy mit
seinen zwölf Jahren war fast so groß wie sein Vater. Auch
das empfand Caroline als böswilliges Verlassen, als eine
Flucht aus ihrem Schoß. Während sie durch die Luft gezerrt
und an jedem Stützpfeiler grob geschüttelt wurde, drängte
die Weiße des Schnees sich mit der zunehmenden Intensi-
tät von Kopfschmerzen in ihr Bewusstsein. Die Skistiefel
waren schwer; Carolines Füße fühlten sich gefangen. Starr
vor Gereiztheit und dem Verlangen, nicht zu schwanken,
rauchte sie ihre vorletzte Zigarette, der die Kälte jeden Geschmack raubte, und fragte sich, ob die Frau neben ihr mit
Norman schlief oder nicht.

Am Morgen, bei der Fahrt nach New Hampshire, hatte im Wagen eine so betonte Ungezwungenheit geherrscht, als wären die vier besser miteinander vertraut, als Caroline es hätte begründen können. Norman und Alice Smith hatten etwas zu deutlich aufs Flirten verzichtet, während die Frau sich dem unschuldigen, noch schlaftrunkenen Timmy mit einer merkwürdig lebhaften Lustigkeit aufgedrängt hatte, sodass man glauben konnte, sie wolle dem Vater leidenschaftliche Botschaften auf dem Umweg über den Sohn zukommen lassen oder sie lege es darauf an, sich als kein bisschen sexuell, als brüderliche Schwester zu erweisen. Die Fahrt zerrte auf ominöse Weise an Carolines Nerven. Und später, bei dem ungemütlichen Frühstück im Howard Johnsons, hatte sie sich da eine gewisse Spannung in den Gesprächspausen und eine leise Unruhe wie von Füßen, die einander unter dem Tisch suchen, nur eingebildet? Litt sie etwa an Verfolgungswahn, weil sie es nicht für Zufall, sondern für Absicht hielt, dass sie und ihr Sohn immer dann mit dem Schlepplift hinaufzuckelten, wenn die beiden anderen den Hang hinuntersausten und sich mit dampfendem Lachen nebeneinander an das Ende der langen, gewundenen Schlange stellten? Caroline fühlte sich, als sie zum Lunch alle wieder zusammentrafen, keineswegs beruhigt durch Alices Lächeln, das leicht mit einer im Rezept nicht spezifizierten Süße gewürzt war.

Ursprünglich war Alice *ihre* Bekannte gewesen. Sie hatte vor etwa einem Jahr eine Wohnung in der Nachbarschaft bezogen – eine rührend hilflose geschiedene Frau, die Mutter von noch nicht schulpflichtigen Zwillingen. Sie schien sich nur für Sport zu interessieren, und wie ein übermäßiges

Training hatte die gescheiterte Ehe bei ihr eine unbeholfene Härte hinterlassen. Norman fand sie mitleiderregend und kein bisschen sexy. Aber im nächsten Winter hatte er seine Skier nach zehnjähriger Verbannung vom Dachboden geholt, Timmy zu einem Skikurs angemeldet und seine Frau in die gleiche gefährliche Richtung gelenkt, so unerbittlich, wie dieses Kabel sie jetzt himmelwärts zog.

Sie schwebten nun schon in schwindelnder Höhe über den Kiefernwipfeln. Um ihre Stimme gegen die aufsteigende Angst zu sichern, sagte Caroline laut: »Eigentlich ist das lächerlich. In meinem Alter sind die Frauen auf Tahiti schon Großmütter.«

Alice erwiderte ganz ernst: »Ich finde, du fährst ausgezeichnet. Du bist eine geborene Tänzerin, das merkt man sofort.«

Caroline brachte es nicht fertig, sie zu hassen. Alice war ebenso hilflos wie sie selbst, und vielleicht zeugte es von scheuer Loyalität, dass Norman sie mit einer Frau betrog, der sie freundschaftlich entgegengekommen war. Sie fühlte sich auch weniger betrogen als verdünnt, verwässert, und sie spähte, die Zigarette gegen den Zugwind in der hohlen Hand, zu ihrer Nachbarin hinüber wie in einen unfairen Spiegel. Alice war feingliedrig, aber sie wirkte derb; das Muskulöse, das sich vom Rumpf über die vorstehenden Halssehnen nach oben fortsetzte, gab ihrem Gesicht sogar unter der leichten Windröte eine fahle Tönung. Das Haar, von einem scharlachroten Ohrenschützer gehalten, war füllig-dicht, aber mausfarben, und ihre eng zusammenstehenden nussbraunen Augen waren auf ebenso vage wie hartnäckige Weise nach innen gerichtet. Doch zwischen der unbedeutenden Nase und dem fliehenden Kinn lag, gleichsam im Hinterhalt, ein großer, ausdrucksvoller und (wie Caroline vermutete) leidenschaftlicher Mund. Das, so sagte sie sich, während der Sessel tückisch schwankte, war vermutlich genau Normans Geschmack: eine Maus mit einem Mund.

Ekel packte sie – Ekel und Zorn. Wie gierig die Männer waren! Wie eingebildet und wie unbekümmert! Der Himmel weitete sich um sie herum, als könnte er nur auf diese Weise eine so ungeheure Verdammung aufnehmen. Flink und gewandt ließ Alice die Sicherungsstange aufschnappen; Caroline transponierte den Vorgang unwillkürlich in ein Öffnen von Normans Kleidung. Voll starren Abscheus vor ihrer Situation schwebte sie auf die Plattform der Bergstation und merkte, als sie die erschreckend kleine Rampe hinunterrutschte, dass ihre Knie zitterten und ganz steif geworden waren.

Natürlich hatten die Männer nicht gewartet, sondern sich ohne die Frauen auf den Weg gemacht. Sie winkten ihnen klein und schwarz vom Ende des Weges zu, den die Schatten von Birken tigerhaft streiften. Auf wispernden, mühelos parallel gehaltenen Skiern glitt Alice voraus, und Caroline folgte ihr, krampfhaft bemüht, nicht zu stemmen. Sie gelangten zu der Stelle, an der die Männer gewesen waren. Hier fanden sie einen Wegweiser mit zwei Armen. Der eine zeigte nach rechts und trug die Aufschrift: GEÖLTER BLITZ (FÜR GEÜBTE FAHRER). Auf dem anderen, nach links gerichteten Arm stand: EILE MIT WEILE (FÜR WENIGER GEÜBTE FAHRER UND ANFÄNGER).

»Ich sehe sie«, sagte Alice und wandte sich nach rechts.

»Warte«, bat Caroline.

Alice hielt mit einem Kristiania an. Der lange lavendelblaue Schatten einer Gruppe von Kiefern bedeckte sie, und für einen schmerzhaften Augenblick, während ihr geschmeidiger Körper sich fragend aufrichtete, sah sie schön aus.

»Wie schnell ist diese Piste?« Die Harris waren noch nicht hier oben gewesen, während Alice den Berg kannte.

»Es gibt eine heikle Stelle, aber du kannst seitlich vorbei«, erwiderte Alice. »Die langsame Piste führt um den Berg herum, da holen wir die Männer nie ein.«

»Dann fahr du ihnen doch nach, und ich nehme die Anfängerpiste. Ich kenne ja diesen Berg noch nicht.« Es war ein fremder Berg, einer der kleineren Presidentials, erst vor Kurzem erschlossen, mit einer anspruchslosen Cafeteria. Sehr junge Burschen in Jacken mit grellen gelb und grünen Zickzackstreifen patrouillierten auf den Pisten. Beim Lunch hatte Norman gesagt, er habe zweimal Angehörige der Skipatrouille stürzen sehen. Sein raues Lachen, an das sich Caroline jetzt auf dieser nackten Höhe erinnerte, erschreckte sie. Das Zittern in den Knien wollte nicht aufhören, und ihre Fingerspitzen prickelten in den Handschuhen.

Alice stapfte im Seitwärtsschritt zu ihr hinauf. »Wir nehmen beide die langsame Piste«, entschied sie. »Es ist besser, wenn du nicht allein fährst.«

»Ich will kein Feigling sein«, sagte Caroline, und diese achtlos ausgesprochenen Worte lösten offenbar bei der anderen Frau eine Gedankenkette aus, denn Alices Gesicht umwölkte sich. Jetzt stand fest, dass sie mit Norman schlief. Alles bestätigte es, das kleinste Detail, jede unterdrückte Gefühlsaufwallung und bewusst gegenteilige Reaktion, ja sogar ihr Name, Smith – ein Allerweltsname, ein Prostituiertendeckname. Ihre nussbraunen Augen, sehr auf der Hut in der Helle des Schnees, forschten flackernd in Carolines Augen, und ihr ausdrucksvoller Mund erstarrte kurz vor einer entscheidenden Frage.

»Vorsicht!«

Die Stimme hinter ihnen war schrill und jung. Ein Mädchen, ein Teenager in einem gepunkteten purpurroten Anorak, und die Mutter, eine ältere Frau, deren Nasenspitze wie rot geschminkt aussah, tauchten neben ihnen auf und sausten über die Hangkante den ›Geölten Blitz‹ hinunter.

»Ach was«, sagte Caroline beschämt, »schlimmstenfalls breche ich mir das Genick.« Damit stieß sie ihre Stöcke heftig in den Schnee, dicht neben Alices unschuldigen Schnallenstiefeln, und flitzte nach rechts davon, das Gewicht weit nach hinten verlagert, den Bergski schleifen lassend. Ihr ganzer Körper brannte unter der Bestätigung ihres Verdachts. Sie würde Norman verlassen. Unruhig wie eine Flamme züngelte sie den Hang hinunter, im eigenen Fahrtwind schwankend. Alice überholte sie vorsichtig, fuhr lange Queren, nahm die Kurven betont langsam und schien ihr auf diese Weise nahezulegen, sie möge keinen Selbstmord begehen. Caroline gab nach. Sie gestattete den Augen, ihren Körper mit Alices Rhythmus zu infizieren, stellte fest, dass sich der Schnee wie unter dem Druck der Vernunft ihrem Willen fügte, und so glitten die beiden Frauen, komplementäre Serpentinen fahrend, wie durch Liebe verbunden, einen langen weißen Wasserfall hinunter.

Dann kam eine ziemlich ebene Strecke im Schatten rötlicher Felsen mit Eiszapfenbärten, danach wieder eine steile Abfahrt in ein großes, ellbogenförmiges Plateau hinein, von dem aus man tief unten in spielzeughafter Winzigkeit ein Häuschen sah, das Mosaik eines Parkplatzes und, riesig und verschwommen wie ein fremdes Reich, einen zugefrorenen See, gesprenkelt mit Wolkenschatten und Inseln von Immergrün. Ein wenig verkrampft seitwärts abgleitend, sah Caroline am Rand dieses Plateaus neben der Piste ein dunkles Stoffbündel liegen – da musste etwas passiert sein. In dem Bestreben, die Männer möglichst schnell einzuholen, wäre Alice vorbeigefahren, aber Caroline stoppte, dass der Schnee aufsprühte. Mit tänzelndem Wippen zog Alice eine Kurve und kam zurück. Das Stoffbündel war die Frau mit der roten Nasenspitze. Sie lag auf dem Rücken, mit dem Kopf talwärts. Ihre Tochter kniete neben ihr. Der Hals der Frau wölbte sich, als gurgele sie, und die Kapuze war in Schnee gebettet, sodass ihr Gesicht aussah wie ein Gesicht in einem Sarg.

Alice bückte sich rasch, löste die Bindungen ihrer Skier und ging mit energischen Schritten auf die Unfallstelle zu, jeder Abdruck ihrer Stiefel im Schnee klar umrissen. »Ist sie bei Bewusstsein?«, fragte sie.

»Es ist das linke Bein«, murmelte das Sarggesicht, ohne seine verzückte Betrachtung des Himmels zu unterbrechen. Das Rot der Nasenspitze war die einzige Farbe, die nicht aus ihm gewichen war. Tränen rannen aus dem einen Augenwinkel in einen Fransensaum sandfarbener Dauerwellenhaare hinein.

»Glauben Sie, dass es gebrochen ist?«

Als keine Antwort kam, sagte das Mädchen ungeduldig: »Mutter, hast du das Gefühl, es ist gebrochen?«

»Ich fühle überhaupt nichts. Zieh mir den Stiefel aus.«

»Das sollten wir lieber nicht tun«, meinte Alice. Sie besah sich die Beine der Frau mit einer Sachlichkeit, die Caroline als unangenehm empfand. »Wir könnten damit mehr schaden als nützen. Vielleicht ist es ein Spiralbruch. Haben Sie gefühlt, wie etwas nachgab?« Die Wucht des Sturzes hatte beide Sicherheitsbindungen aufgerissen, sodass die Skier nur noch mit den Halteriemen an den Füßen befestigt waren. Alice bückte sich, schnallte die Riemen auf und stellte die Skier wie ein Signal senkrecht in den Schnee. Sie sagte: »Wir müssen Hilfe holen.«

Die Tochter blickte hoffnungsvoll auf. Das Gesicht in der getüpfelten Anorakkapuze war rund und jung, die endgültige Form noch nicht auszumachen. »Wenn Sie hierbleiben, könnte ich versuchen, jemand zu finden«, sagte sie. »Ich kenne ein paar Jungen von der Patrouille.«

»Wir bleiben gern bei ihr«, erwiderte Caroline in entschlossenem Ton. Sie war sich bewusst, dass sie Alice einen Strich durch die Rechnung machte und gleichzeitig erklärte, dass ihre Waffen in dem notwendigen Kampf zwischen ihnen beiden Mitleid und Geduld hießen. Sie hätte gern die Skier abgeschnallt, durch die sie sich in ihrer Bewegungsfreiheit ein wenig gehemmt fühlte; aber sie war nicht sicher, ob es ihr gelingen würde, sie auf diesem schrägen Hang wieder an die Füße zu bekommen. Der Schnee hatte hier das gespenstische Aussehen von Gras neben einer Autostraße. Die Tochter schnallte, ohne sich umzublicken, ihre

Skier an und sauste den Hang hinunter. Als Caroline sah, wie leicht das Anschnallen ging, wagte sie sich ihrer Skier zu entledigen und stellte fest, dass ihre Stiefelabdrücke ebenfalls energisch geprägte Intaglien waren. Alice schob ihren Anorakärmel hoch und sah missmutig auf die Uhr. Die fremde Frau stöhnte.

»Frieren Sie?«, fragte Caroline. »Möchten Sie etwas zum Zudecken haben?« Da kein Widerspruch kam, blieb ihnen nichts anderes übrig, als die Anoraks auszuziehen und die Frau darin einzuhüllen. Ihr Körper fühlte sich wie eine übergroße Puppe an, die neu hätte ausgestopft werden müssen. Caroline beugte sich dicht über die Frau und entdeckte, dass die scheinbar geschminkte Nasenspitze einfach von Sonnenbrand gerötet war.

Die Frau murmelte Dankesworte. »Erst unser zweiter Tag … Ich habe ihnen alles verdorben … meiner Tochter, meinem Sohn …«

»Wo ist denn Ihr Sohn?«, erkundigte sich Alice.

»Keine Ahnung. Ich fahre mit ihm hierher, und dann sehe ich ihn den ganzen Tag nicht. Er sagt, er läuft Ski, aber ich habe ihn noch auf keiner Piste gesehen.«

»Wo ist denn Ihr Mann?« Carolines Stimme klang in der akustischen Tiefe der eisigen Luft wie verloren.

Die Frau seufzte. »Nicht hier.«

Ein Schweigen folgte, ein Schweigen, in dem der Wind hier und dort die schneebeladenen Kiefernzweige mit pulverigen Federn verzierte. Der kräftige indigoblaue Schatten, den die Bäume auf den Schnee warfen, wurde dichter, und die Kälte drang durch die Maschen von Carolines Sweater. Alice reckte den dünnen Hals und hielt, hangaufwärts blickend, Ausschau nach Hilfe. Die Frau im Schnee begann leise zu schluchzen, und Caroline fragte: »Hätten Sie gern eine Zigarette?«

Die Antwort ließ nicht auf sich warten. »Ach ja, bitte.« Die Frau richtete sich auf, zog ihren Fäustling aus und bewegte gierig die Finger, deren Nägel lackiert waren. Sie schien nicht zu bemerken, dass sie die Letzte aus der Packung nahm. Gestikulierend und stoßweise den Rauch ausatmend, wurde sie gesprächig. »Ich sage zu meinem Sohn, was hat das für einen Sinn, hierher in diese schönen Berge zu kommen, wenn du immer nur ganz, ganz schnell hinauffährst und ganz, ganz schnell hinunterfährst und dir nie Zeit nimmst, die Landschaft anzusehen? Ich an deiner Stelle, sage ich zu ihm, wäre lieber altmodisch und käme mit heilen Knochen den Berg runter, als mir mit vierzehn das Genick zu brechen. Er würde sich totlachen, wenn er mich jetzt sähe. Da oben ist alles vereist, und auf einmal sind mir die Skier übereinandergerutscht. Im Sturz hatte ich das Gefühl, meine ganze linke Seite reißt auf, von der Schulter bis zu den Zehen. Als wenn man ein Kind kriegt.«

»Woher sind Sie?«, erkundigte sich Alice.

»Aus Melrose.« Der Name ihrer Heimatstadt schien das Gemüt der Frau zu verdüstern. Sie blickte starr auf den Stiefel, in dem das verletzte Bein steckte.

Um sie abzulenken, fragte Caroline: »Und Ihr Mann? Konnte er sich nicht freinehmen?«

»Wir leben getrennt. Also wenn ich diesen Stiefel ein bisschen aufschnüren könnte, wäre das bestimmt eine große Erleichterung. Mein Knöchel will anschwellen und kann nicht.«

»Ich würde es nicht tun«, sagte Alice.

»Vielleicht hilft es schon, wenn ich den Knoten aufmache.« Caroline fiel auf die Knie, als wollte sie weinen. Frauen, die sich selbst bemitleiden, waren ihr im Allgemeinen unsympathisch, aber in dieser Frau schien sie einer freiwilligen Dramatisierung ihrer eigenen Möglichkeiten zu begegnen. Sie löste den Knoten der äußeren und der inneren Schnüre – es waren neue, noch sehr steife Nordica-Stiefel. »Ist es so besser?«

»Ich kann es wirklich nicht sagen. Von den Knien abwärts habe ich überhaupt kein Gefühl in den Beinen.«

»Das macht der Schock«, sagte Alice. »Die natürliche Betäubung.«

»Mein Bruder wird wütend sein. Jetzt muss er mir eine Krankenschwester bezahlen.«

»Sie haben doch Ihre Tochter«, sagte Caroline.

»Ach, die hat doch nur Jungen im Kopf, in ihrem Alter.«

Damit war das Universum ihres Unglücks umrissen. Schweigend, schwarz wie Witwen vor dem Weiß der Hänge, warteten sie auf Rettung. Die Piste war hier so breit, dass Skiläufer auf der anderen Seite vorbeifahren konnten, ohne die drei Frauen zu sehen. Einige kurvten nah heran und schwenkten dann ab, als spürten sie einen Fluch. Ein Mann, ein fröhliches, nickelbebrilltes Ungetüm in einer Waschbärjacke, der die steile Strecke unbekümmert spreizbeinig hinuntersegelte und dabei eine Zigarre rauchte, rief ihnen – anscheinend in einer fremden Sprache – etwas zu. Sonst aber kamen an diesem Nachmittag nur noch wenige Skiläufer vorbei. Die Sonne hatte die Piste hinter sich gelassen. Leere Minuten verrannen. Die bitterkalte Luft hatte inzwischen jede lockere Masche in Carolines Sweater entdeckt und konzentrierte sich nun auf die Metallteilchen an ihrem Büstenhalter, die die Haut berührten. Caroline erinnerte sich, wie erotisch ihr Mann sie angeblich gefunden hatte, als sie am Morgen ihr Unterhemd mit dem Waffelmuster anzog. »Würden Sie mir noch einen Sargnagel spendieren?«, fragte die verletzte Frau.

»Tut mir leid, das war meine Letzte.«

»Ach herrje!«

Alice, jetzt so fahlgelb im Gesicht, dass sie wie eine Orientalin aussah, schob sich fröstelnd die Hände in die Achselhöhlen und hüpfte von einem Bein auf das andere. »Werden sich die Männer keine Sorgen machen?«, fragte sie.

Es bereitete Caroline eine gewisse Befriedigung, mit »Das bezweifle ich« zu antworten. Über die Hänge blickend, sah sie nur Weiß, eine schräge, geriffelte Fülle von Farblosigkeit, den leeren Halbschatten der Welt. Sie spürte, wie ihr persönliches Unglück mit dem der beiden anderen Frauen zusammenfloss; sie waren alle drei verlassen, abgeschnitten, verletzt, der Kälte preisgegeben, so schwach, dass sie nicht einmal wimmern konnten. Ein Dunststreifen trübte vorübergehend das Sonnenlicht. Als der Himmel sich wieder aufhellte, stand eine winzige männliche Gestalt in grün-gelben Zickzackstreifen am oberen Ende des Steilhangs, der in das ellbogenförmige Plateau mündete.

»Achtzehn Minuten hat es gedauert«, stellte Alice nach einem neuerlichen Blick auf ihre Armbanduhr fest. Caroline bezweifelte plötzlich, dass Norman, dessen Pyjamahosen selten zu den Jacken passten, eine Frau lieben konnte, die so penibel war.

Die Frau im Schnee fragte: »Sieht mein Haar sehr schlimm aus?«

Die winzige Gestalt kam näher, immer näher, wurde größer, tauchte von Kamm zu Kamm hinab und schleppte etwas unbeholfen zwischen den Beinen einen Schlitten mit sich. Unversehens, wahrscheinlich an der vereisten Stelle, kam die Gestalt ins Rutschen, kippte, fiel mit gespreizten Beinen und fuchtelnden Armen, wurde zu einem dunklen Stern, einer Wolke von Schneepulver, aus der Teile von Ski, Schlitten, Arm mit elektrischer Geschwindigkeit hervorzuckten. Dieser explosive Purzelbaum ging bis zum Ende des Steilhangs, wo die Einzelteile sich wieder zu einem Ganzen fügten und still liegen blieben.

Die Frauen hatten das Geschehen mit angehaltenem Atem beobachtet. Die Frau aus Melrose stöhnte: »Ach Gott, ach Gott!« Caroline wurde sich bewusst, dass sie, mit ihrem vor Kälte gefühllos gewordenen Leib, sehnlichst wünschte, ihr Retter möge sich erheben. Er tat es. Der Junge (er war jetzt so nah, dass man ihn als Jungen erkannte, mit schlaksigen Beinen in hautengen Skihosen) kreuzte seine Skier über dem Kopf (erstaunlicherweise hatte er sie beim Sturz nicht verloren), sprang auf, ging im Seitenschritt ein paar Yards hangaufwärts, um seinen Hut aufzuheben (einen Tirolerhut aus grünem Filz mit einem Federgesteck), und glitt dann, weiß wie ein Schneemann, mit dem Schlitten im Schlepptau grinsend auf sie zu.

»Das war ja ein richtiger Propeller«, sagte Alice zu ihm wie ein Junge zum anderen.

»Wer ist verletzt?«, fragte er. Seine roten Ohren standen ab, und ein Strudel von Sommersprossen überzog sein Gesicht; er war so offenkundig entzückt, er selbst zu sein, war so unverkennbar jemandes Sohn, dass Caroline gar nicht anders konnte, als seinen lächerlichen Stolz zu teilen.

Mit diesem jungen Clown schien ein befruchtendes Prinzip in die Leere eingekehrt zu sein, denn plötzlich tauchten aus dem Schnee weitere Mitglieder der Skipatrouille auf, die warme Decken, Verbandzeug und Brandy bei sich hatten. Caroline und Alice wurden aus der Position der Retter fortgedrängt. Sie nahmen ihre Anoraks, schnallten die Skier an und fuhren in vorsichtigem Tempo weiter. Unten warteten Timmy und Norman mit besorgten, schuldbewussten Gesichtern neben dem Liftschuppen. Als der Schwung nachließ, verfiel Caroline in den Schlittschuhschritt – sie hob wie beim Schlittschuhlaufen die Skier abwechselnd hoch, was ihr bisher nie gelungen war –, so eilig hatte sie es, ihren Mann seiner Unschuld zu versichern.

Blau Extra

Was dem Förster sein Glück ist, ein Weib, das ihm die Lohnabrechnung für die Holzhauer vorrechnet, während er sein Pfeifchen, sozusagen, noch in den Kissen raucht, was dem Pilzsucher eine Freude ist, ein Weib, das ihm in der Morgendämmerung den Weg zu den ertragreichsten Standorten markiert, was des Fernfahrers guter Stern ist, ein Weib, das seinen Schlaf behütend die Straßenzustandsberichte studiert, das braucht ein Skifernläufer notwendig: Ein Weib, das in den frischen Schnee die Loipe tritt.

Die Dame des Lang-, Fern- oder Weitläufers ist nicht von seiner Gestalt, nicht schlank und sehnig, sondern rundum fein heraus und in den Bewegungen gemach, was eine gleichmäßige Fußbelastung bedeutet, und ihre Schenkel haben einen Umfang, der eine Gangbreite erzwingt, die, ohne Korrektur, den idealen Spurabstand bildet. Des großen Distanzrenners Weib schnallt sich acht Millimeter Bohlen unter die Schuhe und tappt eine tiefe, sinnvolle Spur, nach den am Vorabend vom Gatten und Sportler getroffenen Anweisungen, in den Garten.

Danach erwacht der Fernläufer. Er kleidet sich in schafswollene Wäsche, während Oberhosen und Hemd aus Baumwolle sind, die Strümpfe freilich aus Schafswolle. Der

Fernläufer überlässt zwar das Präparieren der Loipe seinem Weib, nicht aber die Zubereitung des Frühstücks. Wie bei allen Sportarten, in denen es darauf ankommt, gewaltige Weiten mittels ausgetüftelt einfach scheinender Geräte zu überbrücken, ist die Ernährung das zum Erfolg oder zum Scheitern führende A und O. Der Radrenner Ferdinand Kübler, Ferdi National, wie die auf ihn stolzen Schweizer sagen, entschied das wohl mörderischste Langstreckenrennen, die 578 km Bordeaux–Paris, 1953 auf den letzten Metern im PRINZENPARK-Stadion für sich, als er, der unterwegs immer tüchtig gefuttert hatte, den schlecht ernährten Wambst überrundete. So war es auch beim längsten Distanzlauf, der überhaupt bekannt ist, am 3. und 4. April 1884 in Jokkmokk, im nördlichen Schweden. Den ersten Preis errang der Lappe Tourda, der auf seinen Schneeschuhen die 220 Kilometer in 21 Stunden und 22 Minuten lief, während der Zweite, ebenfalls ein Lappe, 5 Minuten später ankam, weil er an der letzten Verpflegungsstation seinen Becher mit Rentiersuppe verschüttet hatte. So ging es dem Verfasser beim Fernlauf Bielefeld–Freiburg im Breisgau, vom 20. bis 25. Februar 1975, als er ab Furtwangen – etwa 50 Kilometer vor dem Ziel – seinen Rucksack zu leichtern begann und dabei seiner Traubenzuckertabletten verlustig wurde, was zur Folge hatte, dass sein Rennpartner Peer Boldström, der Meisterschüler von Elis Viklund, einen Zeitunterschied herauslief, der es ihm ermöglichte, im ersten Gasthaus nach dem Ziel zwei Bier nicht nur zu bestellen, sondern auch ohne Hast zu trinken. Der Magen des Fernläufers ist der Ort der Energie, der Motor des Antriebs, die Quelle der Bewegung.

Es versteht sich, dass der Fernlauf ein mörderisches Vergnügen ist, nur Charaktere mit starker Vorstellungskraft vermögen den Stadien wachsender Entkräftung einen Reiz abzugewinnen. Während des Laufs schwitzt der Sportler alle Körperbrühe aus, sodass die Gelenke zu knirschen beginnen. Der Salzverlust ist enorm. Der Läufer taumelt. Wenn er jetzt zu viel Traubenzucker nimmt, droht eine Traubenzuckervergiftung. Es empfiehlt sich, mit Liebe gekochte Fleischbrühe zu trinken. Doch links und rechts keine Sportlerkantine, kein Wirtshaus, die Organisation der Fernläufer steckt noch in den Kinderschuhen, durchhalten! Abends dann, an den Stammtischen im TOTEN MOOS, im OCHSENSTALL, im GERÄCHTEN und im HÖHEN-RESTAURANT, erkennt man den Fernläufer leicht daran, dass er Salz in sein Bier streut.

Es ist gut, wenn dem Fernläufer im Moment der totalen Erschöpfung eine kräftigende Geschichte einfällt. So fiel dem Verfasser bei seinem Absturz im Biberkessel am 11. 12. 1974 ein, was Dettmar Cramer, dem gebildeten Fußballtrainer von Bayern München, auf dem Weg zur Kabine im Schalker Stadion einfiel, nachdem seine Mannschaft mit zwei Toren im Rückstand lag. Dettmar Cramer fiel ein Zitat von Beethoven ein. Beethoven hatte gegen Ende seines Lebens das Gehör verloren. Aber er sagte: »Ich werde dem Schicksal in den Rachen greifen und mich nicht beugen.« Das erzählte der Trainer seiner demoralisierten Mannschaft, er sagte: »Jungs, stellt euch vor, ihr seid Musiker, die nichts mehr hören. Wenn ihr euch nicht wehrt und dem Schicksal in den Rachen greift, sitzt ihr auf der Straße!« Da ging es wie ein Ruck durch den gebeugten Rücken Beckenbauers, da sprang Müller trotzig und kampfstark von der Massagebank, und Sepp Maier stülpte sich entschlossen die Handschuhe über. Und wie jeder weiß, schossen die Bayern gleich darauf die Anschlusstreffer. Und Fridtjof Nansen, der Bezwinger des inländischen Grönlandeises, fiel dem Verfasser ein, als er wie ein hilfloser Amateur im fürchterlichen Biberkessel um eine Spur zurück in die Welt rang: »Nichts macht die Sinne so frisch wie das Schneeschuhlaufen. Es entwickelt nicht allein Körper und Geist, sondern auch die Seele und hat eine tiefere Bedeutung für ein Volk, als die meisten ahnen.« Man muss imstande sein, die Ski, fernab jeder Loipe, sobald es erforderlich ist, nach beiden Seiten zu schwingen, sie ganz quer hinzustellen und vor jedem unerwarteten Hindernis haltzumachen. Kann man das nicht, ist man stets in Gefahr, gegen Bäume und Erhöhungen im Terrain anzurennen, ja in unbekannte Abgründe hinabzustürzen.

Durch lange Übung werden die Muskeln und derjenige Teil des Nervensystems, der bei der Führung der Ski hauptsächlich in Anwendung gelangt, stärker entwickelt. Der Geübte gleitet dahin, er zieht an den Armen die Welt an sich vorbei, während der Ungeübte wie ein klebriger Wurm durch die Loipe schmiert. Bei wenigen Dingen trifft deswegen die Bedeutung des Sprichworts: ›Guter Haken krümmt sich früh‹ mehr zu als bei diesem Sport; das ganze Körpersystem muss am liebsten mit ihm aufwachsen.

Wie beim Bau der Eisenbahn in den Cordilleras Schneeschuhläufer die Spur für die Rottenarbeiter legten, wie die Schienen die Spur der Lokomotiven bestimmen, so bildet die Loipe die Bahn des modernen Fernläufers. Doch be-

vor der Sportler die großen Loipen unserer Welt auf-
sucht, leistet er Vorarbeit, er trainiert auf seinem gehegten
Loipchen im Garten. Er bildet sich seine Form. Er eilt im
Diagonalschritt dahin und unterstützt seinen Abfahrtslauf
mit dem Doppelstockschub. Seine Gamaschen sind mit Öl
eingerieben und mit Fett imprägniert. Die Schuhe beugen
sich geschmeidig in der Bindung. Das Stirnband beschattet
die Augen. Die ledernen Handschuhschlaufen sind gefettet.
Die Aluminiumstöcke blitzen in der Sonne.

Bei den großen Läufen versammeln sich die Fernläufer
bei Sonnenaufgang. Sie haben ihre Waxkoffer mit, und
noch verbergen sich ihre EPOXY Glasfiber Rennski in lei-
chensackähnlichen Futteralen. Lötlampen fauchen auf! Da
bügelt einer VIOLETT, da knetet einer mit den Handballen
Klister BLAU EXTRA auf die Lauffläche, da wird GRÜN
SPEZIAL gewaxt. Ein Alter trägt umsichtig eine Paste aus
Heringsfett auf. Die Ausrüstung wird überprüft. Riemen
angezogen. Ein Blick zum Himmel. Die Bindung gespannt.
Start! Die Damen der Fernläufer jubeln auf. So bald werden
sie die grauen Wölfe der Loipe nicht wiedersehen.

Schon nach zwanzig Kilometern findet im Körper des
Fernläufers die vegetative Gesamtumstimmung statt. Das
Herz weitet sich, die aerobe Kapazität steigt, das Blutfett
baut sich ab, neue Gefäße wachsen im Leib, die Muskeln
schwellen …

Es gibt den Skiwanderer, den Schleicher, den Schieber,
den Fern-, Dauer- und den Rennläufer. Der Langlaufsport
wird auch von öffentlichen Personen ausgeübt, Landes-
vätern, denen man eigentlich eine Loipe in den allertiefsten
Wäldern wünscht, weit weg, so weit, wie der Adler an einem

Frühlingstag fliegt, wenn er den Wind unter den Flügeln hat. Doch diese Personen lieben die öffentlichen Spuren, sie lieben die Massenstarts der sogenannten Volksläufe und die allgemein sehr gemütlichen Siegesfeiern. Über solche sagen die erhabenen Fernläufer: »Die haben mit Honig gewaxt.« Seine wahren Repräsentanten hat der Langlauf unter den Göttern.

Ein gut gewaxter Ski ist ein beflügelter Schuh. Dem Griff in die Waxkiste geht in der Praxis der Griff in den Schnee voraus. Ein Griff ins trügerische Weiß, und der Fernläufer weiß, was er waxen muss. Ich werde hier nicht aus meinem Waxkörbchen plaudern.

OTTO JÄGERSBERG

Blanc de Blancs

*In der langen Steigung ließ ich Mieto hinter mir; ich kann dies
so genau bestimmen, weil der weiße Dunst seines Atems
allmählich verschwand hinter mir ...
Was ich denke, was ich fühle, wenn ich laufe? Ich beschäftige
mich mit mathematischen Problemen, oder ich singe Kaïinka.*

Nikolaj Zimjatov

*Ach, verging selber der Ruhm dessen nicht,
Welcher dem Fuß Flügel erfand?*

Friedrich Klopstock

Und ob, und zu Recht. Lappen und andere Indianer
waren es, Massenwanderer, unfähig, allein über die
Runden zu kommen. Läuft dem Lappen die Herde weg, ist
es aus mit ihm, und wird der Indianer von seinem Stamm
isoliert, stirbt er gleich aus. So weit ist es mit unseren sogenannten Langläufern noch nicht.

Ahnungsvolle Stille. Nordschwarzwald. Qualitätsschnee.
Der sogenannte Langläufer hat eine weite Loipe genommen, jetzt erreicht er den Höhenrücken. Er pfeift die Luft
aus seinen Lungen zu einem friedlichen Volkslied, da haben ihn auch schon die Jäger entdeckt und stürzen sich auf
das willkommene Übungsziel. Kanadische, französische,
amerikanische und deutsche Düsenflugzeuge eröffnen den
Krieg auf den dunklen Fleck im weißen Fadenkreuz. Ent-

nervt flüchtet der sogenannte Langläufer in den Tann und bricht mit einem Schock zusammen, die Jäger drehen ab und steuern die nächste Loipe an, freilich nur bei schönem Wetter und werktags. Sonntags kommt der Läufer auf der Loipe aus dem Takt durch die unregelmäßigen Explosionen der Auffahrunfälle auf der Schwarzwaldhochstraße. Oder Holzfäller mit Sondergenehmigung Marke ›Saurer Regen‹ sirenen mit ihren mörderischen Kettensägen eine Schneise Bargeld aus dem Gemeindeforst. Lassen sich noch die Loipenspurfahrzeuge, die Pistenpanzer und Schneekanonen, die Traktoren der Tierfütterer und Waldfacharbeiter vergessen, geht es ansonsten wohltuend abwechslungslos auf der Loipe zu. Links und rechts die Holzfabrik, um die wir uns jetzt auch noch unter dem Firmennamen ›Bedrohter Wald‹ sorgen sollen. Neben der Spur die Verpackungsreste von Kraftfutter, Aufputschmitteln, häufig fantasievolle Urinzinken. Wer wünscht sich da noch frischen Schnee?

An den Kehren haben die Sinnproduzenten ihre Ideologietafeln angebracht: LLL – LANGLÄUFER LEBEN LÄNGER. Man braucht ein steinernes Herz, um mit den pausenlosen Erinnerungen an den Tod fertig zu werden.

Wo man auch hinkommt, die Nazis waren schon da. Aufkleber der AKTION WIDERSTAND und für das Kampfblatt MUT zieren den hinteren Wald. Diesmal fangen sie mit den Bäumen an. Verwirrung dagegen stiftet ein großes, blaues, an allen zentralen Punkten des Schwarzwaldes auftauchendes Plakat:

Seitdem, noch mehr verstörte sogenannte Langläufer, Rätseln auf der Spur.

Als ich jüngst am Kleinen Ochsenkopf Hallimasch erntete, montierte gerade ein ostwestfälischer Hersteller in eine dieser Loipen-Buden eine neue Schnellküche mit Frittierbecken und Mikrowellenaufbereiter. Die Industrie hat erkannt, dass den sogenannten Langläufern alles zuzumuten ist. Die Ärzte leisten die notwendige Schützenhilfe. Um die Krankenhäuser für ihre Orgien aufzufüllen, hetzen sie ihre Patienten auf die Loipen. Da schmieren sie durch die Spur, Heilung erhoffend, Schlankheit, zumindest Gewichtsverlust. Viele Patienten haben ihre Frauen und Kinder mitgebracht, seltsames Bild, wie sie da im Familienverbund dahinwixen.

Ich mag ihre Kleidung nicht beschreiben, nicht ihr Skizeug. Beides ist gleich lächerlich, ungesund und absurd. Die Hosen schnüren die Waden, die Luftschutztracht raubt den Atem, die Buntheit sticht und provoziert die Piloten zu Angriffsflügen. Die Ski sind gestaffelt, geritzt, geschuppt und entwickeln schon bei geringer Geschwindigkeit zermürbende Geräusche.

Für die meisten sogenannten Langläufer wird der Langlauf, das heißt der Traum vom längeren Schritt, ein ewiger

Traum bleiben. Wenn es ihnen nicht an Technik, Kondition und Kraft mangelt, nicht am optimalen Ski, am richtigen Wachs, am leichten Stock in der richtigen Länge, mangelt es immer noch am Schuh. Zum Langlauf geeignete Schuhe gibt es kaum. Der Radfahrer weiß, dass sein Schuh eine harte, steife Sohle haben muss, um bei optimaler Fußbelastung die Kraft voll und ungedämpft in die Pedale zu bringen. Für Langlaufschuhe gilt dasselbe für den Ballenbereich, jedoch nur in Querrichtung. Der Langlaufschuh muss in Längsrichtung, mit Ausnahme des Bindungsanschlussbereichs, so weich wie möglich und im Ballenbereich in Querrichtung so steif wie möglich sein. Es wird wahrscheinlich Jahrzehnte dauern, bis die Hersteller diesen Anforderungen gerecht werden.

Noch sind einige Schwarzwaldflecken unverloipt. Der Verantwortliche ist schnell erkannt, überall hängt sein Firmenschild: ARBEITSGEMEINSCHAFT SCHWARZWALD-LOIPEN. Zum Eröffnungslauf des neuen Langlauf-Loipen-Centers versammeln sich Landtagsabgeordnete und Klinikleiter, die Kirchenglocken läuten, die Samariterbünde fetten die Scharniere ihrer Tragbahren, die Budenbesitzer tauen ihre Ware auf, der Container mit den Erinnerungsmedaillen wird ausgekippt. In der Frühzeit der Bewegung habe ich einmal an einem dieser sogenannten Volksläufe teilgenommen. Weil an einer Loipenkreuzung der dort amtierende Wegweiser gerade pinkeln gegangen war, erwischte ich die falsche Spur, zog vierzig Kilometer durch fremde Volkslaufspuren, und als ich am Abend endlich den Startpunkt wiederfand, wollten mir die Veranstalter immer noch einen Orden anstecken. So ist der Geist dieser Umläufe.

Die ausgebufften Schwarzwaldpolitiker laufen jeweils nur ein Viertelstündchen im Volk und lassen sich dann mit dem Hubschrauber gleich in die Siegesfeier hineinfliegen. »Methode Späth« nennen sie das. Zig Millionen werden verbaut, um die sogenannten Langläufer über eine rampenähnliche Anfahrt sanft auf die Schwarzwaldhochstraße zu locken. An den Loipen-Centern sind riesige Parkplätze in den Felsen gesprengt worden. Da präparieren sich die sogenannten Langläufer für ihren Einsatz. Die Taschen und Rucksäcke voller Aufputschmittel und Spezialfutter, können sie sich kaum durchs Drehkreuz zwängen, das sie nach Einwurf eines Markstücks auf die Loipe schubst. Und da schleimen sie nun rum und blockieren den Fernläufern den freien Lauf.

Einen neuen Anmachertypen hat das Langläuferwesen hervorgebracht: den Waxcasanova. Gekleidet wie seine Opfer, im Auge das Strahlen des Kenners, macht er sich an die sogenannten Langläuferinnen heran. Seine Waxtechnik treibt das Opfer in seine Hände. Dreister noch als die freiberuflichen gehen die bei den Loipenverwaltungen angestellten Waxhelfer vor. Nur der Schwarzwaldverein verhält sich abwartend. Zwar stehn seine Funktionäre schon seit Jahren an den Loipen und registrieren nachdenklich die Langläuferexplosion. Aber noch herrscht Uneinigkeit darüber, wie die Zwangsmitgliedschaft durchgeführt werden soll. Ein neuer, am Urheberrecht für Autoren orientierter Vorschlag sieht vor, gleich beim Skihersteller die entsprechenden Gebühren einzuholen. Die Justiziare prüfen das noch.

Früher habe ich den in meine mühsam erstellte Loipe tappenden Spaziergänger verflucht, heute sehe ich in dem sorglos in die Spur tretenden Fußgänger einen beachtenswerten Einzelgänger.

Wie schützt sich nun der wirkliche Fernläufer gegen das Massenstreben? Auf seinen mit Erfahrung gewaxten, federleichten Ski gleitet der echte Fernläufer dahin wie der Fisch im Wasser, er scheucht die sogenannten Langläufer mit einem unwirschen *Hep!*, dass sie erschreckten Fröschen gleich aus der Loipe platschen. Noch in seinen Träumen durcheilt er die Elemente in den harmonischsten, nie enden wollenden Schritten, denn das ist die Sehnsucht des Fernläufers, die unendliche Loipe, das ewige Gleiten, die unendliche Harmonie. Ein Tannenzapfen in der Spur, ein Zweig, Schlimmeres, ein sogenannter Langläufer, lösen im Leben und Träumen des Fernläufers Katastrophen aus. Er ist auf unnachahmliche Weise einsam, sein weites Herz hämmert einen triumphalen Rhythmus in die Stille, er wird heute über den Biberkessel zum Mummelsee zurück zur Roten Lache drei Sekunden schneller sein als gestern, zweihundertzwölf sogenannte Langläufer wird er dabei mit knallenden *Heps* in die Schranken weisen.

Für den Fernläufer besteht der Zweck seiner Bewegung nicht im Ziel. Die Fernläuferei ist eine sexuelle Perversion. Auch andere Laufwahnsinnige und Triebläufer, die ihre sexuelle Neugier auf die Trimm-dich-Pfade, Rundkurse, Schanzen und Aschenbahnen verlagern, die ihr sexueller Wahnsinn dauernd um die nächste und übernächste Kurve treibt, die Waldläufer, die Radfahrer, die Fußgängerzonen-Bersaglieri und Bergsteiger, alle wandeln ihre Sexualität in Bewegung und geografische Neugier um und fördern durch die einseitige und eintönige Bewegung Träumen und

Denken. Doch dem Jogger springt bei jedem Satz das Gehirn gegen die Schädeldecke, dem Radfahrer und Bergsteiger und Waldläufer drohen von allen Seiten Erschütterungen und Abwechslungen, nur der Fernläufer gleitet dahin durch die Welt seiner Gedanken, er überflügelt die Träume, er ist dem Geheimnis der dauernden Lust auf der Spur.

Pulver

Kurz vor Weihnachten nahm mich mein Vater mit zum Skifahren am Mount Baker. Er hatte sich dieses Privileg erkämpfen müssen, denn meine Mutter war ihm immer noch böse, weil er mich bei seinem letzten Besuch in einen Nachtclub geschleust hatte, wo Thelonious Monk spielte.

Er ließ nicht locker. Er versprach, Hand aufs Herz, gut auf mich aufzupassen und mich Heiligabend pünktlich zum Essen zu Hause abzuliefern, da gab sie nach. Doch an jenem Morgen, als wir die Hütte verließen, um uns auf den Rückweg zu machen, fing es an zu schneien, und dieser Schnee hatte für ihn etwas ganz Besonderes, sodass wir unbedingt noch eine letzte Abfahrt machen mussten. Es wurden mehrere letzte Abfahrten daraus. Er gab nichts auf mein Murren. Schnee umwirbelte uns in beißenden, blendenden Schüben, zischte wie Sand, und immer noch waren wir auf Skiern. Als uns der Lift ein weiteres Mal zum Gipfel trug, schaute mein Vater auf seine Armbanduhr und meinte: »Jemine. Jetzt aber schnell.«

Inzwischen konnte ich schon die Bahn nicht mehr erkennen. Es hatte auch gar keinen Zweck. Ich hängte mich an ihn dran wie eine Klette, machte genau das, was er machte, und irgendwie schafften wir es bis unten, ohne von einer Felskante zu segeln. Wir gaben die Skier ab, und mein

Vater legte dem Austin Healy Schneeketten an, während ich von einem Bein aufs andere trat, meine Handschuhe aneinanderschlug und wünschte, ich wäre zu Hause. Ich sah alles genau vor mir. Die grüne Tischdecke, die Teller mit dem Palmenmuster, die roten Kerzen, die darauf warteten, angezündet zu werden.

Auf der Ausfallstraße kamen wir an einem Diner vorbei. »Willst du 'ne Suppe essen?«, fragte mein Vater. Ich schüttelte den Kopf. »Kopf hoch«, sagte er. »Ich krieg dich schon da hin. Stimmt's, Professor?«

Ich hätte jetzt sagen müssen: »Stimmt, Professor«, aber ich sagte gar nichts.

Ein Polizist winkte uns vor dem Skiort an den Straßenrand. Ein paar Holzböcke blockierten die Fahrbahn. Der Polizist kam an unser Auto und beugte sich zum Fenster meines Vaters herab. Sein Gesicht war von der Kälte gebleicht. Schneeflocken hingen an seinen Augenbrauen und am Fellbesatz von Jacke und Mütze.

»Sagen Sie bloß nicht«, meinte mein Vater.

Der Polizist sagte aber doch. Die Straße war gesperrt. Es konnte aufklaren, vielleicht auch nicht. Ein Sturm kam für jeden überraschend. Zu stark, zu schnell. Schwer, die Leute auf Trab zu bringen. Heiligabend. Was wollen Sie machen.

Mein Vater sagte: »Schauen Sie mal. Das sind doch bloß zehn, zwölf Zentimeter. Mit dem Wagen hab ich schon ganz andere Sachen geschafft.«

Der Polizist richtete sich mit knirschenden Stiefeln auf. Sein Gesicht war nicht mehr zu sehen, aber zu hören war er. »Die Straße ist gesperrt.«

Mein Vater saß da, beide Hände auf dem Steuerrad, und

rieb mit den Daumen über das Holz. Er starrte die Sperre an. Es sah so aus, als versuchte er, sich klarzumachen, was das bedeutete. Dann dankte er dem Polizisten und wendete den Wagen mit einer merkwürdigen, demonstrativ altjüngferlichen Vorsicht. »Das verzeiht mir deine Mutter nie«, murmelte er.

»Wir hätten früher losfahren sollen«, sagte ich. »Professor.«

Er redete erst wieder mit mir, als wir im Diner in einer Nische saßen und auf unsere Hamburger warteten. »Das verzeiht sie mir nicht«, wiederholte er. »Begreifst du? Niemals.«

»Ich nehm's an«, sagte ich, aber keiner fragte danach, was ich annahm; sie würde ihm nicht verzeihen.

»Das darf ich nicht zulassen.« Er beugte sich zu mir. »Ich sag dir mal, was ich möchte. Ich möchte, dass wir alle wieder zusammen sind. Möchtest du das auch?«

»Jawohl, Sir.«

Er knuffte mein Kinn mit den Fingerknöcheln. »Mehr wollte ich nicht hören.«

Als wir aufgegessen hatten, ging er zum Münztelefon im hinteren Teil des Diners, dann kam er zurück an den Tisch. Ich ging davon aus, dass er meine Mutter angerufen hatte, aber er ließ nichts verlauten. Er trank seinen Kaffee Schluck für Schluck und starrte durchs Fenster auf die leere Straße. »Na los, los«, sagte er. Und etwas später: »Los, mach schon!« Als der Wagen des Polizisten vorbeifuhr, stand er auf und legte ein paar Münzen auf die Rechnung. »Okay. Vámonos.«

Der Wind hatte sich gelegt. Der Schnee fiel schnurgerade

herab, jetzt allerdings weniger, leichter. Wir fuhren wieder aus dem Ort, Richtung Sperre. »Räum sie zur Seite«, befahl mein Vater. Als ich ihn ansah, fragte er: »Worauf wartest du?« Ich stieg aus und zerrte einen der Böcke beiseite; nachdem er durchgefahren war, schob ich ihn wieder zurück. Er stieß die Beifahrertür auf. »Jetzt bist du ein Komplize«, stellte er fest. »Wir gehen gemeinsam unter.« Er legte den Gang ein und warf mir einen Blick zu. »Kleiner Scherz, Junge.«

Das erste lange Stück bergab behielt ich die Straße hinter uns im Auge, um zu sehen, ob der Polizist uns auf den Fersen war. Die Sperre verschwand. Dann nichts als Schnee: Schnee auf der Straße, Schnee, der von den Ketten hochspritzte, Schnee auf den Bäumen, Schnee am Himmel; und unsere Fahrspur im Schnee. Ich schaute mich um und erschrak. Der Straßenverlauf hinter uns war von unseren Reifenspuren gezeichnet, aber vor uns gab es keine. Mein Vater durchpflügte unberührten Schnee zwischen Reihen hoher Bäume. Er summte »Stars Fell on Alabama«. Ich spürte, wie der Schnee an der Unterseite des Wagens, unter meinen Füßen entlangschurrte. Ich klemmte meine Hände zwischen die Knie, damit sie nicht mehr zitterten.

Mein Vater grunzte nachdenklich und sagte: »Versuch du so was bloß nicht.«

»Mach ich nicht.«

»Das sagst du jetzt, aber eines Tages hast du deinen Führerschein, und dann glaubst du, du kannst alles machen. Aber das hier, das kannst du nicht. Dazu braucht man, was weiß ich … einen gewissen Instinkt.«

»Vielleicht hab ich den ja.«

»Nein. Du hast deine Stärken, aber das … nicht. Ich erwähne das nur, damit du dir nicht einbildest, so was könnte jeder einfach so. Ich bin ein erstklassiger Autofahrer. Das ist keine besondere Tugend, verstanden? Es ist einfach eine Tatsache, und das solltest du dir klarmachen. Natürlich geht davon auch einiges aufs Konto der alten Kiste hier – es gibt nicht viele Autos, mit denen ich das versuchen würde. Hör mal hin!«

Ich hörte hin. Ich hörte das Schlagen der Schneeketten, das steife, ruckartige Kratzen der Scheibenwischer, das Schnurren des Motors. Er schnurrte tatsächlich. Der Wagen war fast neu. Mein Vater konnte ihn sich eigentlich nicht leisten und gelobte ständig, ihn zu verkaufen, aber passiert war nichts.

»Was glaubst du, wo der Polizist hingefahren ist?«, fragte ich.

»Ist dir warm genug?« Er langte herüber und drehte das Gebläse hoch. Dann stellte er die Scheibenwischer ab. Wir brauchten sie nicht mehr. Die Wolkendecke war aufgerissen. Ein paar vereinzelte fedrige Flocken trieben in unseren Sog und wurden davongefegt. Wir verließen den Wald und kamen auf ein weites Feld aus Schnee, das eine Zeit lang eben verlief und dann steil nach unten sackte. Zwei Reihen orangefarbener Pfosten waren in regelmäßigen Abständen aufgestellt worden, und mein Vater steuerte zwischen ihnen hindurch. Allerdings standen sie weit genug auseinander, dass ich mich ernsthaft fragte, wo die Straße genau verlief. Er summte wieder und machte kleine Improvisationen um die Melodie.

»Na schön. Wo liegen denn meine Stärken?«

»Ich fang besser gar nicht erst an«, antwortete er. »Ich würde den ganzen Tag brauchen.«

»Aha. Dann sag doch eine.«

»Kinderleicht. Du denkst immer voraus.«

Richtig. Ich dachte immer voraus. Ich war ein Junge, der seine Kleidung auf nummerierte Bügel hängte, was für eine vernünftige Rotation sorgte. Ich nervte meine Lehrer, sie sollten mir lange im Voraus Hausarbeiten aufgeben, damit ich Arbeitspläne machen konnte. Ich dachte voraus, und deshalb wusste ich auch, dass andere Polizisten am Ende unserer Fahrt auf uns warten würden, falls wir es bis dahin schafften. Was ich noch nicht wusste, war, dass mein Vater sich an ihnen vorbeiwinden und -winseln würde. Er sang zwar nicht »O Tannenbaum«, aber es fehlte nicht viel. Er lieferte mich pünktlich zum Weihnachtsessen zu Hause ab. Damit erkaufte er sich eine letzte Frist, bis meine Mutter beschloss, dass die Trennung endgültig war. Ich hatte von Anfang an gewusst, wir würden erwischt werden; ich hatte mich damit abgefunden. Und vielleicht hörte ich deshalb auf zu schmollen und hatte plötzlich einen Riesenspaß.

Warum auch nicht? Diese Fahrt schoss den Vogel ab. Es war wie in einem Motorboot, nur besser. Mit einem Boot kann man nicht bergab fahren. Die Welt gehörte uns. Und es riss nicht ab, die schneebeladenen Bäume, die makellose Schneefläche, die plötzlichen weißen Ausblicke. Hie und da sah ich kleine Anzeichen der Straße, Gräben, Zäune, Pfosten, aber nicht genug, um den Weg zu finden. Musste ich ja auch nicht. Mein Vater saß am Steuer. Mein Vater in seinem achtundvierzigsten Jahr, zerknittert, freundlich, ohne jedes Ehrgefühl, durch und durch selbstgewiss. Er war ein erst-

klassiger Fahrer. Schiere Überredung, kein Zwang. So fein-
fühlig am Steuer, so taktvoll an den Pedalen. Ich vertraute
ihm tatsächlich. Und das Beste sollte erst noch kommen –
Achterbahn und Haarnadelkurven. Unbeschreiblich. Es sei
denn, so: Wer noch nicht über frischen Pulverschnee gefahren ist, der ist noch nie gefahren.

Der Verflossene

Und, hast du deinen freien Tag genossen?

Soweit man genießen kann bei dieser Hitze.

Wo warst du?

Richtung Engelslücke.

Tja, Gabi, dort hat's auch kein bisschen Schatten. Hättest doch den Arvenweg laufen können. Oder gleich im Hotel bleiben und lesen.

Auf der Terrasse? Unter den Gästen? Sicher nicht, wenn ich schon mal wegkann.

Wart ihr – warst du ganz oben auf der Lücke?

Nein, nein. Vorher abgebogen.

Zum Steinigseeli?

Nein, links hoch.

Ins Finistal?

Genau.

Warum ins Finistal?

Warum auch nicht?

Da gibt's ja nicht mal einen Weg.

Noch nicht. Platz gäb es jetzt genug. Der Gletscher kommt nicht mehr zurück.

Da bist du hochgestiegen, mitten durch die Felsen?

Dem Bach entlang.

Wer war der Mann, der dich begleitet hat?

    Begleitet?

Mit dem braunen Schlapphut.

    Valentin Renner. Unser Gast.

Wie, Gast?

    Im Hotel. Schon seit Montag. Hast du ihn denn nicht begrüßt?

Der Valentin Renner?

    Welcher sonst?

Der früher jedes Jahr hier war, mit der Familie?

    Genau.

Ich hätte den nicht erkannt.

    Du dürftest wenigstens unsere Stammgäste kennen.

Der hat sich aber sehr verändert.

    Äußerlich vielleicht.

Ja, klar, äußerlich. In sein Inneres kann ich ja nicht sehen. Der hat damals anders ausgesehen. Besser, oder? Ohne Bart.

    Das ist auch mehr als zehn Jahre her. Damals haben wir alle besser ausgesehen. Er hat sich jedenfalls gut gehalten, angesichts der Umstände, finde ich.

Fandest du schon immer, oder? Hat dir der Renner nicht damals schon gefallen?

    Mir waren die alle vier sympathisch.

Er vor allem.

    Nicht nur er. Die ganze Familie, Valentin und Vera … Valerie und Vitus. Alle mit V. Jetzt erinnere ich mich. Jedes Jahr eine Woche Skiferien, und im Sommer waren sie auch mal da.

    Mehr als einmal.

Ich merke: Du weißt es genau.

Und jetzt gehst du mit dem Renner wandern. Abseits der offiziellen Wege.

> Er hat mich darum gebeten. Nachdem ich ihn gefragt hab –

– ob du mitkommen darfst?

> Nein, warum er –

– allein hier Ferien macht?

> Jetzt hör auf. Du tust unmöglich. Und wenn du wüsstest –

– was er dir zu sagen hatte?

> Okay, ich sage nichts mehr. Hör doch auf, Robi. Bitte gib mir die Serviette.

Sorry. Es tut mir leid, ich wollte nicht – was hast du ihn gefragt?

> Ach, nichts.

Es tut mir wirklich leid. Sag doch. Was hast du ihn gefragt?

> Warum er die ganze Woche …

… die ganze Woche?

> … denselben Weg gewandert ist. Jeden Tag exakt denselben Weg, via Schafmatt bis zum Türstentritt, dann hoch, dem Steinigbach entlang, aber eben nicht zum Seeli, sondern hinter der Moräne ins Finistal. Dort ist er jeden Morgen verschwunden, und am Nachmittag wieder aufgetaucht.

Woher weißt du das denn?

> Ich hab ihm nachgeschaut.

Nachgeschaut.

Ich war ja auf der Terrasse, von morgens bis abends,
die ganze Woche! Hast du ihn denn nie gesehen?
Gesehen schon, aber nicht erkannt. Abends an der Bar, mit
seinem Enzian. Das erstaunt mich nicht, dass der jeden Tag
dieselbe Wanderung macht, er trinkt ja auch jeden Abend
denselben Schnaps. Wie damals schon, oder nicht? Das
hätte mir auffallen müssen. Den bestellt sonst niemand.
Und er ist übrigens demnächst leer.

Nicht demnächst. Heute. Er hatte ihn dabei.
Wie, die Enzian-Flasche?

Ja. Sie ist leer. Ich habe sie für ihn mitgenommen. Er
hat danach gefragt, und er hat sie bezahlt.
Das will ich hoffen. Auf die Wanderung mitgenommen?
Was ist mit dem passiert, ist der durchgedreht? Und mit
dir? Ich meine – das stört mich ja gar nicht, ich hab da ja
überhaupt nichts dagegen, aber irgendwie klingt das alles …
Warum ist der überhaupt alleine hier? Die waren doch immer genau das, was man eine perfekte Familie nennt.

Falls sie das mal waren, ist es lange her. Vitus, der Bub,
studiert in Boston. Valerie ist grad in der Klinik, zur
Überprüfung von Panikattacken. Und Vera ist vor
fünfeinhalb Jahren gestorben, an Gebärmutterkrebs.

Ach du Scheiße. Hast du das gewusst?
Nicht bevor er's mir heute erzählt hat.
Dann sind sie deshalb nie mehr gekommen.
Ja.

Ach du Scheiße. Das hätte ich nie gedacht. Die war doch so
eine Aufgestellte, diese Frau Renner.

Frau Renner? Vera. Du warst genauso per du wie ich. Eine Aufgestellte und Sportliche.

Ja. Sportlichkeit schützt leider nicht vor dem Schicksal.

Waren wir nicht einmal sogar auf dem Gletscher mit denen und anderen Gästen?

Waren wir. Vor sechzehn Jahren. Sechzehneinhalb, um genau zu sein. Da war er zum ersten Mal dort oben.

Und wir zum letzten Mal mit Ski. Danach ist das untere Stück abgebrochen, und der Riss, der war riesig. Erinnerst du dich?

Ja, klar erinnere ich mich. Du hast geführt, und Vera war vorne bei dir.

Und du und der Valentin Renner zuhinterst.

Das war ein prächtiger Tag damals, und niemand hat von den Spalten gesprochen.

Obwohl sie offen da lagen, selbst im Februar nicht mehr aufgefüllt. Da hätte gut was passieren können, rückblickend war das ziemlich gefährlich.

Na ja, gefährlich waren eher die Abende an der Bar, würd ich sagen. An die kannst du dich doch auch erinnern?

Jetzt, wo du's sagst, kommt alles zurück.

Da hat's nicht nur im Kamin geknistert.

Aber passiert ist nichts.

Sagst du.

Du doch auch?

Ja, ja. Spielt auch keine Rolle.

Was dann passiert ist, wie ich jetzt weiß, das waren ganz andere Dinge. Also bei Renners, meine ich, nicht bei uns. Erst dieser Krebs, der offenbar schon ein paar Jahre zuvor entdeckt worden ist, aber gut zu behandeln war. So schien es. Und dann die Sache mit der Tochter.
Was hat die noch mal?

Genau weiß ich's auch nicht. Aber sie hat offenbar wiederholt versucht, sich das Leben zu nehmen. Kannst du dir vorstellen, wie das für ihn sein muss?
Nicht wirklich. Fürchterlich.

Das hat er dir alles erzählt?

Erst heute. Er könnte eine Begleitung gebrauchen, hat er gesagt. Also bin ich mit.
Ins Finistal. Warum dort hinauf? Dort gibt's ja nichts mehr außer Geröll.

Fast nichts.
Da war er jeden Tag?

Jeden einzelnen. Seit letztem Montag. Er wollte sehen, was übrig ist.
Übrig von was?

Vom Gletscher.
Nichts! Was soll denn von dem noch übrig sein?

Na ja, Anfangs Woche offenbar noch circa drei bis vier Quadratmeter.
Eis?

Ja, Eis. Wie du weißt, bestehen Gletscher in aller Regel aus Eis.
Das war ein Schneerest vom letzten Winter. Das kann nicht sein, dass da noch Eis ist.

Woher willst du das denn wissen? Warst du in den letzten Jahren mal dort?

Nein, natürlich nicht, in der Schutthalde.

Siehst du, Valentin eben schon. Immer wieder, mindestens einmal pro Jahr. Um den Tod des Gletschers nicht zu verpassen.

Der scheint ihm wichtig zu sein, der Gletscher.

Ja, so ist es mit Erinnerungen. Jedenfalls: Dort liegt schon lange kein Schnee mehr. Schau doch, nicht mal an den Nordhängen. Das war Eis. Festes, altes Gletschereis. Eine letzte spielfeldgroße Platte noch vorigen Sommer, hat er gesagt.

Jedes Jahr war er hier?

Meistens sogar mehrmals.

Hat aber nicht bei uns übernachtet.

Nein. Er habe sich nicht getraut, allein, hat er gesagt. Ich kanns verstehen.

Mitte Woche war die Platte noch mindestens so groß wie ein Tischtuch. Er hat mir ein Foto von ihr gezeigt. Die Sonne hat Löcher hineingefressen, und von unten stießen die Steine durch.

Und heute?

Nur noch ein handgroßes Stück. Ironischerweise hatte es die Form eines Vs.

Eines Vs? Also wie ein Herz?

Das hat er entzweigebrochen. Hat die Enzian-Flasche aus dem Rucksack geholt, zwei Becher gefüllt und das Eis reingelegt.

Und dann?

    Dann haben wir angestoßen.

Hang loose

Was hätte man denn anfangen sollen als Jugendliche im Winter in den Salzburger Bergen? Man hat ja Handkes *Wunschloses Unglück* ausgelesen gehabt und ist selbst übrig geblieben voller Wünsche. *Wishlist* hat der Song dazu von Pearl Jam geheißen: »I wish I was an alien at home behind the sun« – man ist ein Alien gewesen, pubertierend, zu Hause, hinter der Sonne. In dieser Zeit, pubertierend, hinter der Sonne, hab ich mir so sehr gewünscht, in der Stadt zu sein: Dort, wo es angeblich nur Künstler gibt und Dichterinnen, Kaffeehäuser und Nachtlokale, ein Funkhaus für Radiosendungen. Wo man den ganzen Tag überglücklich ist wie Eddie Vedder von Pearl Jam, wünschend nur: »I wish I was as fortunate, as fortunate as me.«

Ja, als Jugendliche in den Salzburger Bergen hat man doch gar keine andere Wahl gehabt, als in seinem Unglück den Blick nach oben zu richten, das Brett anzuschnallen und unten bei der Talstation dem Liftwart die Wunschliste ins Ohr zu flüstern: Wenn schon nicht in die Stadt, dann wenigstens zehnmal hinauf zur Bergstation! Und oben, da ist sie dann gewesen: die Sonne. Und man selbst war noch immer ein Alien, aber eins mit Slackermütze und weiten Hosen, mit Kapuzenjacke und Raceboard »Oxygen Kr 59«. Und es ist egal gewesen, was die Eltern gesagt haben und welchen Weg man eingeschlagen hat: Man ist am Ende des Nachmittages, Viertel nach vier, immer wieder unten angekommen. Egal, auf welchem Weg.

No Way, haben Pearl Jam gesungen. Beim Großunterberglift zum Beispiel hat es eine unmarkierte Strecke gegeben. *No Way,* aber doch ein Weg. Fahren wir Schleichwegerl!, hat der Aufruf dazu gelautet: Ab durch den Tiefschnee, zwischen den kleinen Fichten hindurch, über die Mugelpiste mit den vielen kleinen Hügeln, vorbei an der leer stehenden Hütte. Später hinter den zwei Bauernhöfen die verschneite Straße entlang bis zum Loch in der Absperrung, den linken Fuß abschnallen, antauchen, antauchen, wieder zurück zur markierten Piste. Haserlabfahrt?, lautet die nächste Frage. Nein, der Guggi ist schon beim Schlepplift unten!, ist die Antwort. Hast du den Pichler vorher gesehen?, geht es weiter. Ist der jetzt mit der Vreni zusammen? Das kann nicht sein: Geh, niemals!

Das Snowboarden in den Neunzigerjahren hat das Leben der Jugendlichen in den Salzburger Bergen verändert: Statt der alten Deutschen sind nun die jungen Dänen gekommen und die Amerikaner. Statt »Schi Heil« hat man »Hang loose« gerufen. Statt ins Tschecherl ist man ins Board-Lovers gegangen und hat dann statt Pfirsichspritzer Tequila getrunken. Das Snowboarden ist ein Glück gewesen. Jede Fahrt den Hang hinunter ein *Versuch über den geglückten Tag.* Wie das Brett beim Carven in die Piste geschnitten hat, dieses Gespür für Schnee, mit der Hand den Surfergruß zeigend: *Hang loose,* immer locker bleiben.

Und am Ende des Winters ist die Vreni eben doch mit dem Pichler zusammengekommen, weil er so gut hat springen können mit dem Freestyle-Board. Und die Salzburger Berge sind plötzlich genau in der Mitte von Dänemark und Amerika gelegen. Wir haben einmal einen Tag schulfrei bekommen für die Teilnahme an den Schülerbundesmeisterschaften. Und ich hab mir in den Winterferien mein Taschengeld als Snowboardlehrerin verdient. Der Andi, der mit meiner Schwester in dieselbe Klasse gegangen ist, fährt seit dieser Zeit in der Snowboard-Nationalmannschaft mit. Bis heute.

Ende der Neunzigerjahre sind Pearl Jam dann nicht mehr so richtig cool gewesen. Den Großunterberglift haben sie irgendwann zugesperrt und abgebaut, nachdem der Schnee ausgeblieben war. Und ich bin in die Stadt gezogen, wo es nur Künstler gibt und Dichterinnen, Kaffeehäuser und Nachtlokale. Ich fahre nicht mehr Snowboard, aber ich spreche noch darüber. Vor ein paar Wochen übrigens habe ich die zu diesem Zeitpunkt frisch gekürte österreichische Snowboard-Weltcupsiegerin im Parallel-Slalom, Sabine Schöffmann, im Fernsehen gesehen, die, zum Geheimnis ihres Sieges befragt, geantwortet hat: »Ich hab versucht, mich so lang wie möglich vom Rennen abzulenken ...« Sie hat versucht, sich so lange wie möglich vom Rennen – tatsächlich: abzulenken! Ist das nicht so *hang loose*?!

TERESA PRÄAUER

Ich sehne mich nach Après-Ski

Ich sehne mich nach Après-Ski, ich sehne mich nach der Oberhinterleiten-Alm bei uns in den Bergen, ich sehne mich nach einem rot-weiß-rot-glänzenden Schianzug und schweren Schischuhen. Ich sehne mich nach dem Alois von der Schischule, der uns Schilehrer und Snowboardlehrerinnen am Morgen gleich mit einem beherzten »Schi Heil!« begrüßt. Ich sehne mich nach einem Tagesbeginn mit Morgensport auf 1700 Metern Seehöhe, dort oben bei der Bergstation vom Oberhinterleiten-Lift – also bei der Gondelstation von der Panoramabahn vom Oberhinterleiten-Lift, nicht daneben beim Sessellift, der zwar auch Oberhinterleiten heißt, aber eben Oberhinterleiten-Sessellift. Ich sehne mich nach dem Dehnen meiner Sehnen und dem Strecken meiner Muskeln, man muss aufgewärmt sein für die Arbeit auf dem Berg und stark, um den ganzen Tag über durchzuhalten: Um die Anfänger aus dem Schnee hochzuziehen bis mittags, um dann einzukehren in die Oberhinterleiten-Alm, in den Mittagsbereich, wo es Pommes gibt und Schnitzel und Gulasch, aber auch Buchstabensuppe und Germknödel und ein Schiwasser. Um dann nachmittags mit den Gästen schon erste Bogen zu fahren, den Hang hinunter, den Übungshang neben der Bergstation, wo man später dann den Sessellift nehmen wird, um zum Schlepplift zu gelangen. Aber das ist nichts für Anfänger. Und nach 16 Uhr, also 4 p.m. für die Gäste aus dem nicht deutschsprachigen Ausland, hineinzustolpern in die Oberhinterleiten-Alm zum Après-Ski. Ich sehne mich nach Après-Ski und einem Jacky-Bull, das wir weg-exen, und dann spielt der Roli das *Hölle, Hölle* und wir liegen einander in den Armen beim Après-Ski.

Ich sehne mich nach Après-Ski und dass der Roli mir ins Ohr flüstert, dass er bei *Atemlos* immer an mich denken muss, und dass er gleich kotzen gehen muss, nicht meinetwegen, sondern wegen der Jacky-Bulls und dem Flügerl. Ich umarme den Roli und habe oben meinen Pulli an und unten noch meine Schilehrer-Montur in Rot-Weiß-Rot, und von meinen Schischuhen platscht der graue Schnee jetzt auf den Tanzboden und wird zu einer schwarz-braunen Pfütze, deren Wasser jedes Mal auf unsere Schihosen spritzt, wenn der DJ den Beat verstärkt und wir zu springen beginnen. Da spielen sie plötzlich, nämlich nicht der DJ von der Oberhinterleiten-Alm, der ja der Roli ist, sondern der DJ vom »Scheunenhof vier Sterne Ressort, Ihr Winterparadies«, der für den Roli übernommen hat, *Atemlos,* und der Roli möchte jetzt mit mir »durch die Nacht« engtanzen, statt aufs Klo zu laufen, und wir tanzen eng und der Roli küsst mich leidenschaftlich und schmeckt nach Kelly's-Snips und nach Jacky-Bull und Flügerl. Wir fliegen! Das ist der Geschmack von Après-Ski, und nachher gehen wir noch in den »Scheunenhof vier Sterne Ressort, Ihr Winterparadies«, wo die Kinder vom Hotelbesitzer den Schlüssel zum Schistall unten und zur Sauna haben, wo sie dann einen Saunaaufguss mit Sliwowitz machen wollen. Dem

Roli geht es schon viel besser, und er macht ein geniales Wortspiel mit Witz und Sliwowitz, über das wir alle so laut lachen müssen, dass die deutschen Urlaubsgäste echt komisch zu uns herüberschauen. Das gibt es halt wirklich nur beim Après-Ski! Ich sehne mich nach Après-Ski und nach dem nassen Schweiß beim Tanzen in schweren Schischuhen.

Ich sehne mich nach Après-Ski und nach der Deko im »Scheunenhof vier Sterne Ressort, Ihr Winterparadies«. Ich sehne mich nach dieser Hütte, die extra unterirdisch gebaut worden ist, also diese Fassade einer Hütte, dort unten, wenn man vom Schistall Richtung Sauna geht, wo früher die Tiefgarage gewesen ist. Ich sehne mich nach dem lustigen Plastik-Igel im Trachtenjanker, der zum Fenster der Hütte herausschaut und auf dessen T-Shirt unter dem Trachtenjanker geschrieben steht: »Ich trinke, also bin ich«, und der einem so philosophisch zuprostet, wenn man ihm eine Münze vorne in den Latz der Lederhose steckt. »Prost, prost, prost, dass die Gurgel nicht verrost'.« Und da weiter hinten ist auch schon das Schild, auf dem es heißt: »Hier geht's zum Après-Ski«, und Après ist geschrieben wie »Aprés« oder »Apre's«. Es ist unser »Apre's Ski«, und deswegen sehne ich mich danach. Die Hütte mit dem Plastik-Igel in der ehemaligen Tiefgarage vom »Scheunenhof vier Sterne Ressort, Ihr Winterparadies« ist jetzt tief verschneit vom glitzernden Sprühschnee aus der Dose, und wir stapfen glücklich und betrunken Richtung Kellerdisko, vorbei an der Sauna, in die jetzt keiner mehr hineinwill, weil der Sohn vom Hotelier große Töne spuckt und behauptet, er habe vorhin dort »hineingeschifft«. Ich weiß, dass sich der

Sohn das niemals trauen würde, weil ihm sonst sein Vater das Taschengeld striche und er seine Motocross Kawasaki KX250 nicht mehr fahren dürfte für mindestens eine Woche. Kommt, wir gehen Après-Ski! – Wo bleibt denn der Roli jetzt wieder?

Ich sehne mich nach Après-Ski, sage ich und torkle zum Eingang der Kellerdisko vom »Scheunenhof vier Sterne Ressort, Ihr Winterparadies«. Lieber Après-Ski als gar kein Sport!, ruft uns gleich der Barkeeper zu, wie jeden Abend, wenn er uns kommen sieht. Und er bildet, wie jeden Abend, auf dem Tresen für uns eine Reihe aus zehn kleinen Shot-Gläsern, in die er jetzt aus einem Meter Höhe mit einer blauen Flüssigkeit hineinzielt. Kamikaze!, schreit der Sohn vom Hotelbesitzer, der nachts angetrunken manchmal noch auf seiner Kawasaki KX250 in den Nachbarort fährt, beschleunigt und beschleunigt, wenn die Bundesstraßen fast leer sind, und dann nimmt jeder von uns einen Kamikaze, und der Barkeeper feuert uns an mit: Ex oder nie mehr Sex! Und wir haben einen Kreis gebildet und rufen alle: Zamm, zamm, zamm!, und strecken unsere Arme in die Mitte und schlagen die Gläser gegeneinander, dass es blau auf unsere Pullis und T-Shirts spritzt, und dann exen wir den Kamikaze, und der Barkeeper klettert auf den Tresen und grölt: Mund auf!, und dann lädt er noch mal mit einer Ladung Wodka nach bei jedem von uns. Danke, Guggi, rufe ich, denn ich habe mich mit Guggi dereinst gutgestellt. Après-Ski hat uns einander nahegebracht. Der Guggi übertreibt es aber jetzt und will seine Zunge in meinen Hals stecken, aber ich sage, ich bin mit dem Roli da, und dann drehe ich mich um und zweimal um die eigene Achse und will schauen, wo der Roli bleibt. Hat Après-Ski uns auseinandergebracht? Der Guggi antwortet: Après-Ski hat uns hart gemacht gegen die Enttäuschungen des Herzens, und dann spielt er noch mal *Atemlos*. Ich sehne mich nach Après-Ski in den Bergen, nach den schwedischen Schilehrern in der Tenne schon nachmittags und nach den britischen Gästen am Morgen danach, denn nach dem Après-Ski ist vor dem Schikurs und vor einem neuen Arbeitstag auf 1700 Metern Seehöhe.

Ich sehne mich nach Après-Ski, ich sehne mich nach dem Blausein vom Kamikaze-Shot, ich sehne mich nach dem Dunst einer Dorfdisko, ich sehne mich nach Bizepsmessen und Trinkspielen, ich sehne mich nach einem Zungenkuss vom Roli, aber der Roli schlürft jetzt Tequila aus dem Bauchnabel der Monika, und der Guggi dreht noch einmal richtig laut auf, weil er als Barkeeper jetzt auch den Dreh-Regler vom CD-Player übernommen hat, er spielt jetzt *Schifoan,* und alle singen mit. Da schaltet der Guggi plötzlich auf stumm und singt dazwischen: Einer geht noch, einer geht noch leicht!, und dann reicht er uns die ganze volle Wodkaflasche über den Tresen, und jeder darf jetzt daraus trinken, so viel er will. Der Sohn vom Hotelbesitzer wirft mit großen Scheinen um sich, er will der Monika einen eingerollten Schein in den Busenschlitz stecken, aber die Monika dreht sich weg und sagt: Fahr ab damit zu deinen Buben im Nachbarort. *Some girls are ladies* läuft dann im CD-Player, und der Sohn will dazu mit mir engtanzen, aber ich will ihn auch nicht, und so setzt er sich in Jetski-Hose und Schischuhen auf den nassen Boden der Kellerdisko und heult Rotz und Wasser, was aber keiner sehen kann, weil es unten so dunkel ist und oben die Diskokugel einen Stroboskopeffekt an die Decke zaubert, wie es nur das Après-Ski kann und der Sternenhimmel in den Alpen, wenn die Luft glasklar ist und eiskalt. Nachdem alle gegangen sind, wird der Sohn noch verdroschen, und später wird keiner wissen, wer es gewesen ist. Der Roli ist auf der Monika eingeschlafen zwischen den Zapfhähnen und den ungewaschenen Gläsern, und der Guggi ist schon zur Talstation von der Panoramabahn von der Oberhinterleiten-Alm gefahren, wo seine Schicht als Pistenraupenfahrer und Liftwart gleich beginnt. Nur der Plastik-Igel im Trachtenjanker prostet in mechanischer Dauerschleife noch mal allen zu, jemand hat ihn mit ein paar Münzen gefüttert. Ich sehe, wie die Sonne aufgeht, und sage: Ich sehne mich nach Après-Ski, so klar wie heut war mir das nie.

Nachweis

Der Verlag dankt folgenden Rechteinhaber:innen für die Genehmigung zum Abruck:

Ulrich Becher (1910, Berlin – 1990, Basel)
Der Mann, der über die Silvretta kam (Titel von den Herausgeberinnen). Auszug aus: ders., *Murmeljagd.* Copyright © Schöffling & Co. Verlagsbuchhandlung GmbH, Frankfurt am Main 2009. Copyright © 1990 by Ulrich Becher Erben. Copyright © 1969 by Ulrich Becher.

Italo Calvino (1923, Santiago de Las Vegas – 1985, Siena)
Abenteuer eines Skifahrers. Aus: ders., *Schwierige Liebschaften.* Copyright © 2013 Carl Hanser Verlag GmbH & Co. KG, München. Aus dem Italienischen von Burkhart Kroeber.

Arthur Conan Doyle (1859, Edinburgh – 1930 Crowborough)
Ein Alpenpass auf Skiern. Aus: Emil Zopfi (Hrsg.), *Winterwandern. Geschichten von Eis und Schnee.* Erschienen 2011 im Unionsverlag, Zürich. Copyright der Übersetzung © Ueli Haldimann. Aus dem Englischen von Ueli Haldimann.

Zora del Buono (*1962, Zürich)
Punk. Originalbeitrag für diese Anthologie. Abdruck mit freundlicher Genehmigung der Autorin. Copyright © 2023, Zora del Buono.

Johann Wolfgang Goethe (1749, Frankfurt – 1832, Weimar)
Ein sehr harter Winter. Aus: ders., *Dichtung und Wahrheit.* Erschienen 1975 im Insel Verlag, Frankfurt am Main.

Lili Grün (1904, Wien – 1942, Maly Trostinez)
Sein schlechter Ruf. Aus: dies., *Mädchenhimmel! Gedichte und Geschichten.* Erschienen 2014 im Aviva Verlag, Berlin.

Ernest Hemingway (1899, Oak Park – 1961, Ketchum)
Schnee überm Land. Aus: ders., *Die Nick Adams Stories.* Copyright © 1973, Rowohlt Verlag GmbH, Hamburg. Aus dem amerikanischen Englisch von Annemarie Horschitz-Horst.

Hermann Hesse (1877, Calw – 1962, Montagnola)
Wintertage in Graubünden. Aus: Volker Michels (Hrsg.), *Mit Hermann Hesse reisen.* Copyright © 1990, Insel Verlag, Berlin. Alle Rechte bei und vorbehalten durch Suhrkamp Verlag, Berlin.

John Irving (*1942, Exeter)
Ein Wochenende in Aspen (Titel von den Herausgeberinnen). Auszug aus: ders., *Der letzte Sessellift.* Copyright © 2022 by Garp Enterprises, Ltd. Copyright der Übersetzung © 2023, Diogenes Verlag AG, Zürich. Aus dem amerikanischen Englisch von Anna-Nina Kroll und Peter Torberg.

Otto Jägersberg (*1942, Münster)
Blau Extra und *Blanc de Blancs.* Aus: ders., *Vom Handel mit Ideen.* Copyright © 1984, Diogenes Verlag AG, Zürich.

Erich Kästner (1899, Dresden – 1974, München)
England gegen Kanada. Winterolympiade 1936. Aus: ders., *Man schwitzt und fragt: Wann hört das auf?* Copyright © Atrium Verlag, Zürich 1962, und Thomas Kästner.

Karl Ove Knausgård (*1968, Oslo)
Mit Vater auf der Loipe (Titel von den Herausgeberinnen). Auszug aus: ders., *Spielen* (Min Kamp 3). Copyright © 2009, Karl Ove Knausgård, used by permission of Wylie Agency (UK) Limited. Copyright der Übersetzung © Luchterhand Literaturverlag, München, in der Penguin Random House Verlagsgruppe GmbH. Aus dem Norwegischen von Paul Berf.

Michael Köhlmeier (*1949, Hard)
Der Sieger. Aus: ders., *Die Leute von Lech.* Erschienen 1994 im Haymon Verlag, Innsbruck. Copyright © 1994, Michael Köhlmeier.

Tim Krohn (*1965, Rheda-Wiedenbrück)
Melancholie. Aus: ders., *Julia Sommer sät aus.* Erschienen 2018 bei Galiani Berlin. Copyright © 2018, Tim Krohn.

Jack London (1876, San Francisco – 1916, Glenn Ellen)
Ein Wettlauf um eine Million. Aus: ders., *Alaska-Kid.* Erschienen 1931 im Universitas-Verlag, Berlin. Aus dem amerikanischen Englisch von Erwin Magnus.

Rosetta Loy (1931 – 2022, Rom)
Fieber im Schnee (Titel von den Herausgeberinnen). Aus: dies., *Schokolade bei Hanselmann.* Copyright © der deutschen Ausgabe 1996, 2019 Piper Verlag GmbH, München. Aus dem Italienischen von Maja Pflug.

Ella Maillart (1903, Genf – 1997, Chandolin)
Allein unterwegs im Himmelsgebirge. Aus: dies., *Turkestan Solo. Eine Frau reist durch die Sowjetunion.* Copyright © 1990 by Edition Erdmann in der Verlagshaus Römerweg GmbH, Wiesbaden. Aus dem Französischen von Hans Reisinger.

Conrad Ferdinand Meyer (1825, Zürich – 1898, Kilchberg)
Die Schlittschuhe. Aus: ders., *Sämtliche Werke. Band I. Gedichte.* Historisch-kritische Ausgabe. Erschienen 1963 im Benteli Verlag, Bern.

Christian Morgenstern (1871, München – 1914, Untermais)
Der Seufzer. Aus: ders., *Alle Galgenlieder.* Erschienen 1972 im Insel Verlag, Frankfurt am Main.

Sylvia Plath (1932, Jamaica Plain – 1963, Primrose Hill)
Die Schussfahrt (Titel von den Herausgeberinnen). Aus: dies., *Die Glasglocke.* Copyright © Estate of Sylvia Plath and reused by permission of Faber and Faber Ltd. Copyright der Über-